心学的诞生

郦波 ◎ 著

XINXUE DE DANSHENG

贵州出版集团
贵州人民出版社

图书在版编目（CIP）数据

心学的诞生 / 郦波著. -- 贵阳：
贵州人民出版社，2023.2（2024.2重印）
　ISBN 978-7-221-17199-3

Ⅰ.①心… Ⅱ.①郦… Ⅲ.①王守仁（1472-1528）
-心学-研究 Ⅳ.①B248.25

中国版本图书馆CIP数据核字(2022)第152797号

心学的诞生
郦　波 ◎著

策划统筹	谢亚鹏
责任编辑	黄蕙心　张　娜
装帧设计	陈　电
内文插画	朱清之
出版发行	贵州出版集团　贵州人民出版社
地　　址	贵州省贵阳市观山湖区会展东路SOHO办公区A座
邮　　编	550081
印　　刷	深圳市新联美术印刷有限公司
规　　格	787mm×1092mm　1/32
字　　数	142千字
印　　张	8.5
版　　次	2023年2月第1版
印　　次	2024年2月第4次印刷
书　　号	ISBN 978-7-221-17199-3
定　　价	68.00元

目录

第一章 向死而生　01

一、叛逆的『官二代』和独立的少年　03

二、『寻觅』与『五溺』　19

三、诏狱、生死、龙场　36

第二章 一路向黔　55

一、王门始徒　57

二、同道中人　64

三、所遇所叹　82

第六章 知行合一 ... 189

一、气场 ... 191

二、象祠记 ... 204

三、知行合一 ... 213

第七章 承「黔」启后 ... 231

一、黔学与心学 ... 233

二、镇远旅邸书札 ... 242

三、承「黔」启后 ... 254

参考文献 ... 263

第三章 此境奇绝

一、行路难 … 93
二、黔道难 … 100
三、龙场驿 … 110

第四章 龙场悟道

一、阳明小洞天 … 123
二、学农 … 133
三、瘗旅文 … 142

第五章 心外无物

一、心即理 … 155
二、岩中花树 … 161
三、心学的正能量 … 171

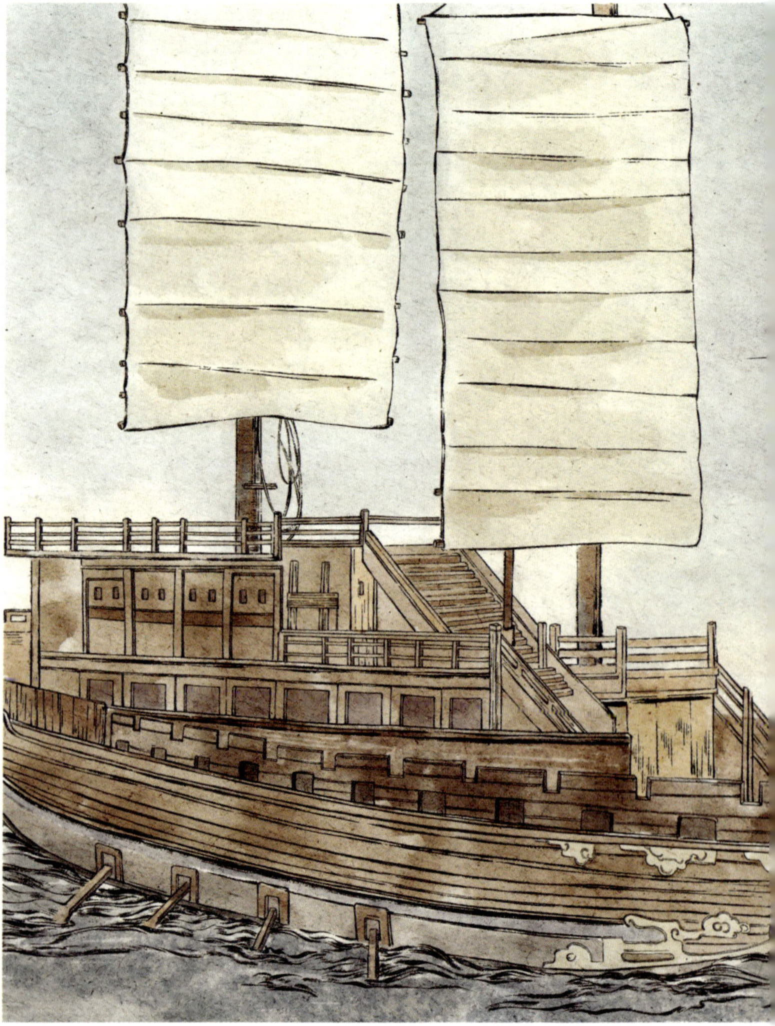

第一章 向死而生

《泛海》

险夷原不滞胸中，何异浮云过太空。
夜静海涛三万里，月明飞锡下天风。

　　这是作为政治家、哲学家、思想家、军事家、书法家、文学家、教育家的王阳明，也是华夏文明史上被尊称为"圣人"的王阳明最广为传诵的一首诗。这首看上去极为普通的七言绝句之所以广为传诵，是因为它完完全全、彻彻底底自"百死千难中来"！

　　说到这首名作的诞生，就要说到王阳明其人。他自少年而青年而壮年的成长历程，可以说是一个充满了中国式辩证内涵的人生成长典范。所谓"祸兮福之所倚，福兮祸之所伏"，王阳明的成长历程充分印证着福祸相依的辩证法。

一、叛逆的"官二代"和独立的少年

说起来,王阳明的家世可不一般,若以今人的视角观之,王阳明应该是个标准的"官二代"与"富二代"。

"旧时王谢堂前燕"中的乌衣王氏,就是王阳明的祖上。这个家族中还有大名鼎鼎的王羲之,王阳明到了弱冠之年即曾寻访王羲之故居,并举家搬迁至绍兴。当然,家族中对王阳明影响最大的还是他的父亲——王华。

王华在当时当世也可以被称为"大儒"了。王华的"大儒"之大在于他以状元之姿,充经筵讲官,成为孝宗皇帝的老师,又任东宫辅导,成为太子也就是后来的武宗皇帝的讲师,并成为当时奉程朱理学为正宗的一代知识分子领袖。如若不是那场殃及当时满朝文官,也给王阳明父子命运带来转折的官场政乱,作为三朝元老的王华,本能顺利踏上入阁之路。

王阳明出世之前的日子,是王华平生最困顿艰辛的日子。王华自小勤学苦读,从县学时就开始参加每届的乡试,但屡屡落第。王阳明出世那一年,是王华参加乡试又一次落第一年后。

明成化八年,即公元1472年的农历九月三十日,余姚一位岑姓的奶奶做了一个梦,梦到自己的儿媳郑氏在怀孕十四个月后,好不容易终于要生了,就在要生产之前,天空中突然出现了一个神仙,这个神仙身披紫霞圣衣,脚踏五彩祥云,云中仙乐齐鸣、祥瑞齐现。这位"紫霞仙子"在万众瞩目中自云端翩然而下,把一个白白胖胖的婴儿送到了岑氏的怀中。

岑氏很紧张,大为惊恐。正不知如何是好的时候,突然一阵婴儿的响亮啼声,将岑氏从梦中惊醒。隔壁屋中儿媳郑氏已经临盆,孩子终于生了下来。这个随着仙人送子之梦而出生的婴儿,就是王阳明。

有关这个梦的情状,钱德洪《阳明先生年谱》里记载:"祖母岑梦神人衣绯玉云中鼓吹,送儿授岑,岑警寤,已闻啼声。"《年谱》又说:"祖竹轩公异之,即以云名。乡人传其梦,指所生楼曰瑞云楼。"就是说王阳明生下来后,祖母岑氏立刻向家人宣布"我有一个梦",这个是很重要的征兆。王阳明的祖父王天叙听了妻子岑氏的这个梦,感到很惊奇,觉得这个孩子来历不凡。因为是仙人自云中托梦而生,于是为了纪念这个梦,就给这个孩子取名叫王云。

"云中送子"这件事,不光是王家觉得很神奇,在当地也传为美谈。在浙江余姚王阳明的老家,乡人也都认可这件事,并把王阳明出生的那座楼称作"瑞云楼"。

至此,余姚王氏家族复兴的曙光出现了!

伴随着祥瑞出生的孩子,往往独有异象、天赋异禀,但王阳明的表现却让大家都傻了眼,因为这个小孩六岁之前根本不会说话。

《阳明先生年谱》记载王阳明生下来之后"五岁不言",明代的其他史料,比如王阳明的好友湛若水后来为他写的墓志铭里也明确说,王阳明"六岁乃言"。

面对五岁还不会开口说话的王阳明,一家人都很着急,甚至开始怀疑他是不是先天有疾。但王阳明的爷爷王天叙却不这么想,他认定这个云中送来的孙子非池中之物,对他很有信心,每日把他带在身边。在王阳明将近六岁的时候,有一僧人经过王宅,远远看到正在门前玩耍的王阳明,便走上前来摸他的头,闭目沉吟半晌之后,感慨道:"好个孩儿,可惜道破。"正在屋内看书的王天叙听了非常惊异,忙赶出来想上前问个究竟,那位僧人却已飘然而去。

爷爷王天叙也是读书之人,低头沉思许久,终于在望向书本的片刻恍然大悟。在王阳明出世之际,为了纪念梦中仙人云中送子,自己特意给孩子起名叫王云,但是,"云"字还有一个意思,就是"说",所谓"子曰诗云",所谓"人云亦云"。僧人的"道破"就是说王天叙把这个事儿在名字里就给说破了。因为名字里说破,所以这孩子就不说话了,这就是中国人生活里的辩证法,所谓"过犹不及"。

一想明白这个道理,王天叙立刻做了个决定:要给孙子改名字。

但是改名叫什么好呢?古人的名字往往非常讲究,除了寄寓着长辈对子孙的美好期望之外,名门望族往往还要表达出对儒学的志愿与追寻。所以王天叙取《论语》"知及之,仁不能守之,虽得之,必失之"的典故,为孙子重新取名叫王守仁。此后王阳明的弟弟们也就按照这样的命名法则,被王天叙取名为:守俭、守文、守章,这都和王家作为儒士大家的家风有关。

所以,王阳明其实名守仁,字伯安。因为他曾筑室于会稽山阳明洞,自号阳明子,并在后来的人生阶段中,每到一处筑室修学，多以"阳明"名之，被当时的学者尊称为阳明先生，故后世普遍称他为王阳明。

改名的成效立竿见影。第二天，王家和往常一样气象平和：王阳明的父亲于华兀在读书习课，为下一场科举考试做准备；母亲郑氏在做针线活，给一家老小纳鞋底；爷爷王天叙铺开笔墨纸砚，准备练习书法，提笔一挥，写就四个大字——大学之道。王天叙看着尚未干透的墨迹，口中反复沉吟"大学之道"四字，脑中自有读书人的恣肆徜徉。但在一旁的王阳明却坐不住了，五年多来一句话都没说过的小朋友以为爷爷忘记了后面的句子，忽然朗声说道："大学之道，在明明德，在亲民，在止于至善。知止而后有定，定而后能静，静而后能安，安而后能虑，虑而后能得……"顺畅自然、铿锵有力，有如江水滔滔奔腾。

如果这是一幕电影，那配合着王阳明诵读《大学》的背景图，就是一家人瞠目结舌的静止画面。王阳明五岁不言，一朝开口，不是叫爹叫娘、要吃要喝，而是一上来就道儒家经典，仿佛此生就是"为往圣继绝学"而来！王天叙喜出望外，作为老儒的他连忙又问了一些其他的儒家经典，结果王阳明都是张口能诵。再问如何会背，王阳明说每天跟在爷爷身边，听他每日熟读诵读，耳濡目染，也就默记在心了。

王阳明不鸣则已，一鸣惊人，从此一发不可收拾，此后读书不仅过目成诵，而且精力拔群，涉猎甚广。对此，王天叙大感欣慰，但王阳明的父亲王华却很不以为然，因为在他的眼中，王阳明是个不折不扣的叛逆少年。

等到王阳明七八岁的时候，父亲王华已经是一名秀才了。他希望儿子能就着一鸣惊人的劲头开蒙学儒、读经诵典，为考就功名而读书。但王阳明再怎么天才，也毕竟孩童心性，圣贤书读了两天，便被深邃的象棋迷住了，每天不是在下象棋，就是在去下象棋的路上。

象棋之乐，于今而言可以说是高雅之趣，但在古代儒上大家看来，却是旁门左道、奇技淫巧。王家尊奉儒学正宗，秀才王华在乡邻之中也已经声名鹊起，儿子沉迷下象棋，他看在眼里，急在心中，偏偏儿子还不听他的训诫。彼时的小王阳明还不能口若悬河、舌灿莲花，虽不言不语，但总是屡教不改。王华实在没办法，只能让夫人趁王阳明睡觉的时候把和象棋有关的一切统统扔到河里。等王阳明醒来发现之后，已经无计可施了。小王阳明很伤心，专门写了一首诗来纪念他的那些棋子们。诗云：

> 象棋终日乐悠悠，苦被严亲一旦丢。
> 兵卒坠河皆不救，将军溺水一齐休。
> 车行千里随波去，象入三川逐浪游。
> 炮响一声天地震，忽然惊起卧龙愁。

在王阳明的笔下，象棋的棋子们不管是冲锋陷阵的兵卒，还是坐守镇中的将帅，无论是直行无阻的车骑、还是横驰田土的象马，都在河水的冲击中溃不成军、节节败退，随着炮子在沉水之前的最后一声怒响，激起了童年王阳明的失乐之愁。这份乐趣，可能并不如王华想象中那样低级，"卧龙"二字，说明王阳明在象棋中获得的并不只是左右厮杀的快感，还有排兵布阵、运筹帷幄进行脑力角逐的畅快。

这首七律非常工稳，从这样一首小诗里，就可以看出王阳明的天赋之高。但象棋被扔掉之后，幼年王阳明也并没有把注意力转回儒家经典上来，而是继续沉迷在其他五花八门的道上，坐实了父亲眼里的叛逆少年形象，什么兵家、道家、佛家之流,统统玩了个遍,这些后来被挚友湛若水称为王阳明的"五溺"。

有了王阳明之后,王华的事业也开始顺遂起来。王阳明十一岁的时候,王华高中状元,在北京当了翰林学士。在高起点开启自己的仕途之时,望子成龙的他也希望给自己的儿子铺就一条阳关大道,遂打算把王阳明带入北京求学。全家人欣然同意,王天叙当然也希望孙子能在京城接受最好的教育。

王天叙打点好行装,欲亲自把这个宝贝孙子从浙江送往北京。祖孙二人从余姚出发,沿大运河北上,途经镇江之时,王天叙的一帮老友在金山寺的妙高台设宴,盛情款待。酒逢知己,又是文人雅集,少不了流觞曲水、吟诗作对。众人正酒酣耳热、闷头构思之时,只见十一岁的王阳明突然上前,拿起大笔饱蘸浓墨,笔走龙蛇,倏尔挥就了一首七言绝句:

金山一点大如拳,打破维扬水底天。
醉倚妙高台上月,玉箫吹彻洞龙眠。

众人一看，大吃一惊。这首诗不仅格律工稳，更重要的是想象奇特。妙高台上的王阳明俯身看去，江中的金山就像一只拳头打破了扬子江面。彼时的镇江金山还没有和陆地完全连成一片，所以这种描述可谓神来之笔。随后又说，酒意正酣的自己倚着妙高台上的明月，这里用明月可倚来指明妙高台之高。所谓高处不胜寒，但是高处也不胜潇洒，站在这绝胜高妙之处，吹一曲箫曲，可以让那神仙洞府中的真龙都陶醉无比。这种意态，何等高妙！何等潇洒！

但正因其高妙潇洒，众人交口称赞之际也不免心生质疑，这确是一个才十一岁的孩童所作？席间有一位老友质疑，这必定是王天叙提前于家中所作，再让小孙儿背诵，好在此博得满堂彩。于是这位老友便对王阳明说，小儿若真有此等本领，吾老另有一题，看这妙高台蔽月山房，能否为此一作？作势便要为王阳明磨墨，当下王阳明摆手道，无需磨墨，我要像曹子建那样七步成诗。王阳明眼睛一转，小嘴一撇，出口成章：

山近月远觉月小，便道此山大于月。
若人有眼大于天，还见山小月更阔。

此诗一出，众人皆惊叹于小王阳明的气魄。既然诗题要扣蔽月山房，小王阳明便抬头看山和月。为什么眼前的山比较大，高悬的月比较小呢？这是因为自己作为人的视角是自下而上的；如果换一个视角，有人眼大如天，自九霄之上向下望之，所谓的高山也不过是沧海一粟，而只有夜色下的千古明月才是真正永恒的辽阔。

这可以说是古诗中较早的"相对论"了，其中蕴含着朴素的辩证法思想。所以这首诗不单证明了王阳明的文采，更证明了王阳明是一个思维上的天才。这份与众不同的天才，正是王阳明成长为独立少年的关键。

十一岁的王阳明抵达北京后，便在王华的安排下入塾就学。入学不久，这份超然拔群的天才之质就表露出特立独行的一面来。

《阳明先生年谱》中记载，有一次王阳明在长安街上遇到一位以黄雀衔牌算命的相士，相士面前摆着暗藏命格玄机的木牌或纸牌，当询问者提出问题，相士沉吟片刻后黄雀即会行动，口衔命牌，上面写的即是天意。黄雀是最早被用于文学创作的鸟类之一，比我们熟知的画眉要早得多。画眉总联系着真爱，黄雀则寓意着报恩，所以相士多爱用黄雀算命，路客以银发问，黄雀则报之以命运的答案。实际上，大抵是因为黄雀是较好驯养的鸟类之一罢了。这位黄雀相士碰见王阳明之后非常惊异，驻足打量了片刻，竟不待黄雀衔牌，径直说道：

> 吾为尔相，后须忆吾言。须拂领，其时入圣境；须至上丹台，其时结圣胎；须至下丹田，其时圣果圆。

黄雀相士的这段话，意为王阳明有圣贤之命。当然，其后所说的圣境、圣胎与圣果，则是讲究修炼的神仙术数。这段话给幼年的王阳明留下了深刻的印象，此后王阳明的人生，不管是与仙佛之道结缘，还是树立成圣理想，抑或是洞中修身练心，其实都和这段相术有着千丝万缕的联系。

到了塾馆之上，王阳明突然起身向先生发问，这在讲究师道尊严的古代是不常见的，一般而言学生都是被考问的对象，很少主动向先生提问。王阳明不但敢于发问，他提出的问题也不简单。少年王阳明问的并非"为什么要打雷下雨"之类的问题，而是一个对古代学问家而言天大的命题——

"何为第一等事?"

人生第一要紧的事,也就是最重要的事,到底是什么?

先生也不料他能问出如此高深的问题,幸好,儒家讲问学、问道,塾学里的先生也是儒生,所以倒也没怪罪。先生想了想,琢磨了一下,认真地回答他说:"惟读书登第耳。"

意思是,人生第一等事,就是好好读书,然后参加科举,进士及第。民间称之为"学成文武艺,卖给帝王家",较为雅致的说法是"学而优则仕",这也很符合王华把儿子带到北京上学的初衷。在当时的知识分子看来,学而能仕是顺理成章、天经地义的事。

可王阳明听了竟不以为然,连连摇头,看得先生又气又乐,于是反问道:"你有什么不同的意见吗?那你说说人生第一等事该是什么呢?"

王阳明人小志不小,当即挺胸叠肚地说:"登第恐未为第一等事,或读书学圣贤耳!"

人生的第一等事并非考取功名,而是读书,学圣贤,做圣人!

先生听了这话又惊又叹,竟有学生不把科举考试放在眼里,那还来上什么学呢?但是王阳明所说的学做圣贤,却也不能说不是读书的目的,也着实是高出科举之外的鸿鹄之志。所以先生也只能笑笑说:"你这个第一等事可真够高的。"

这件事很快就传到了父亲王华耳中,又引起了这对冤家父子的一场家庭争端。

王华回到家中,进门恰好看到少年王阳明正背着小手,站在院子里仰望天空,一副深沉的模样。王华只觉儿子不务正业,在蹉跎时光,便略带诘难道:"汝欲做圣贤耶?"

听说你想当圣人啊?居然还在学校里主动问老师?

王阳明郑重点头,肯定道:"不错,是有这么回事。"

王华本以为这是一时意气的少年狂言,但不想王阳明到了家中依然如此当真,便不由哂笑:"就你?也想做圣人?"

这话却将王阳明惹怒了。读书不为圣贤之志,那为的是什么呢?想成为圣人难道不应当是读书人最大的理想吗?难道我就不能当圣人吗?

王华进而问道:"你要做圣人,你可知何为圣人?"

这问题可难不倒人生第一次开口说话即背诵《大学》的王阳明，他当即仰头朗声道，圣人就是"为天地立心、为生民立命、为往圣继绝学、为万世开太平"的人。

王华看着面前意气风发的少年，心里不知该喜还是该忧。自己作为理学大儒，何尝不明白张载的"四为说"？但在那个年代，学成入仕已经是一个读书人能取得的最高成就，至于成圣，古往今来又有几人？圣人岂是人人可当的？

为了将王阳明拉回到现实世界中来，王华只能说："那不过是理想主义的呓语，你怎么就当真了呢？"

不料王阳明立刻反驳道："孔子不就是这样的圣人吗？夫子是人，我也是人，他能做圣人，我凭什么不能？"

这话让王华愣在原地。这句话在少年王阳明的心中扎根发芽，成为他往后人生中的重大命题。可以说，阳明心学的诸多成就，都自此而来。这也是前人儒者诸如父亲王华等人无法参悟心学，其成就被王阳明所超越的根本原因。

因为和父亲的这番对话，少年王阳明更加坚定了自己要做圣人的决心。但是如何才能做得圣人呢？为天地立心，太空了；为生民立命，太远了；为往圣继绝学，于他这个年龄也不现实。剩下还有什么呢？只有为万世开太平，好像能看得见、摸得着。所以少年王阳明就琢磨着从这条开始，将所有的兴趣一下子全都转移到了研习兵法、舞枪弄棒上，整日忙着排兵布阵，甚至经常逃课，带着一帮少年朋友玩各种模拟行军打仗的游戏。

王华看在眼里，急在心里，自己苦心将孩子带到北京接受最好的教育，没承想他却在繁华都市里"迷失"了自己。王华的这个想法在那个重文轻武的时代里是非常有道理的，文臣世家，子女习武，在世人眼里确实有辱门风。王华绞尽脑汁，想通过王阳明最想要的成圣来规劝他："你这成天舞枪弄棒、不务正业的，哪有圣人是这样的呢？"

王阳明却说："怎么没有？孔夫子孔圣人不就是文武双全吗？"

这话说得还真没错。孔子教大六艺、小六艺。礼、乐、书、数、射、御，这是既教礼仪、音乐，又教语文、数学，还教射箭和驾车。这可不仅仅是文武双全，甚至可以说是文、理、工、体、艺俱全，德、智、体、美、劳全面发展了。

王华哑口无言，只好搬出过来人的身份劝道，你要学孔子就应当好好读书，准备科举考试，最好能如我一般高中状元。你看我现在可以为官造福，这不就是为生民立命了吗？

王阳明又发问道："既然当状元这么好，能不能传给子孙后代啊？"看着少年王阳明渴求的样子，王华还以为他终于被自己说服，开始对科举之业感兴趣了，当即很自傲地说："我十年寒窗，好不容易熬出头来。你要是想考中状元，就得像我这样好好学习，别不务正业，一心只读圣贤书才可以。"

结果王阳明听罢，不屑地说道："按照爹的意思，状元也只能是自己一代，不能传及子孙，只能光耀一门一世；而建功立业，为万世开太平，却功在千秋。所以，我认为考状元并不是必要的，建功立业才最重要。"

这时候的王阳明已经不再是那个被扔了象棋却说不上话来的孩子了，几番对话，王华又败下阵来。

撇开王华和王阳明父子二人的身份来看，这就是一对典型的中国式父子：一个是珠玉在前、望子成龙的"虎爸"，一个是桀骜不驯、叛逆不羁的"熊孩子"。

但王阳明的这份逆反，却远不同于我们今天想象中的"官二代"与"富二代"的骄奢。回过头来看少年王阳明的种种叛逆行径，其背后隐藏着的是他极其独立的灵魂。独特的才情、独特的志向，造就了他独特的行为方式，这位叛逆的少年正在追求成圣理想的道路上独立行走着。

二、"寻觅"与"五溺"

王阳明自立志做圣贤以来，便一直在寻觅成为圣人的方式和途径。正如他的人生知己湛若水为其撰写的墓志铭所总结的那样，王阳明"初溺于任侠之习，再溺于骑射之习，三溺于辞章之习，四溺于神仙之习，五溺于佛氏之习"。

少年王阳明在长安街上"长而任侠，驰马试剑，古人出入"，颇有京城大少的风范，骑射之习也正是在此基础上发展起来的。其实，如果不是少年王阳明对任侠、骑射的浓厚兴趣，可能历史上就不会有他平定宁王朱宸濠叛乱的赫赫战功了。

王阳明十五岁的一天，王华突然发现，儿子失踪了。

王阳明喜欢兵法，年轻时最崇拜的偶像就是大明一代奇才于谦。当年土木堡之变，瓦剌也先的大军长驱直入，一直打到北京城下，如果没有于谦，没有那场北京保卫战，大明王朝可能就不会有后来的国祚。少年王阳明经常跑到于谦祠里瞻仰偶像，还为于谦写过一副传世的挽联：

赤手挽银河公自大名垂宇宙
青山埋白骨我来何处吊英贤

为了探索成圣之路，继承前贤遗志，十五岁的王阳明决定私出居庸关，对边塞的地势地貌、风土人情进行一番实地考察。

出得居庸关来，王阳明正在放眼大好河山，不承想竟迎面遇上两个鞑靼人。当时明代的边患主要是和北方蒙古人的斗争，于谦在北京保卫战中面对的瓦剌也是蒙古人的一支。想到偶像于谦的冤死，少年意气的王阳明不由得心头怒起，突然摘弓搭箭，二话不说，"嗖"地一箭就射了过去。

鞑靼人吓了一跳，还没弄清对面是什么人，一支箭又

"嗖"地射了过来。两人吓得拨转马头就跑，王阳明在后面纵马疾追，还不停地搭弓放箭。这两人虽见后面只是一员小将，但却不知是不是明军的斥候或哨探，再看两边山势也不知是否埋伏着千军万马，只好惶惶如丧家之犬，一跑了之。王阳明在后面放声大笑，只觉得有一股英雄之气充斥于胸臆之间。

此后一个月间，王阳明走遍大好河山，还到蒙古人的部落参加了骑射比赛，居然还拔得了头筹。经过一番历练后，十五岁的少年王阳明才施施然回了家。

王阳明离家出走一个月没有任何消息，王华已经急得如热锅上的蚂蚁，现在看到儿子平安回来，一颗悬着的心终于落地。还没来得及细细询问，王阳明却先声夺人，主动向他汇报了此次关外考察的结果，向他描绘所到之处的风土人情及自己的所见所闻。王阳明越往下说，王华的脸色越难看。果不其然，王阳明迎来了父亲的一顿责骂。

王阳明不以为意，毕竟这场出游收获颇丰。当晚，他还做了一个梦，梦到自己去广西参拜伏波将军庙。伏波将军是王阳明的另一位偶像——马援。马援是东汉时期的一代名将，曾西破羌人，南征交趾，立下赫赫战功。当年为蔡锷将军送葬时，孙中山先生曾写过一副挽联："平生慷慨班都护，万里间关马伏波"，就是把蔡锷将军比作班超和马援。

据说，王阳明在梦中参拜伏波将军庙之后还得了一首诗，这首梦中绝句是这么写的：

卷甲归来马伏波，早年兵法鬓毛皤。
云埋铜柱雷轰折，六字题文尚不磨。

通过这首绝句，我们不难感受到王阳明那种尚武、昂扬的姿态所散发出的与生俱来的气质。十五岁的王阳明梦中得句，到了晚年，命运竟真的将他送到了伏波将军庙里，当他再回忆起年轻时的这个梦，只觉一切皆命中注定，人生真真是大梦一场。

私出居庸关事件之后，有一天王阳明突然拦住正要去上朝的王华，从袖子里掏出一篇奏疏说："听闻最近京畿之内有石英、王勇作乱，秦中石和尚、刘千斤等造反，不知可有此事？"王华冷冷地看着他，不知道这个儿子又要唱哪出。王阳明把奏疏呈上说："这是我为皇帝写的《帝国平安策》，请父亲大人代为转呈。"

王华听了，甚觉别扭，心想黄口小儿又如何懂得经国之策，《帝国平安策》不过是一时冲动的纸上谈兵。他拿起奏疏略看一遍说："全是老生常谈，没有新意，你能不能做些正经事？"如在以前，王阳明势必又要与父亲辩论一番，不料这次王阳明听罢立刻躬身施礼，说："父亲大人，孩儿知错。"然后立刻将这篇奏疏拿了回去。

王华见状，倍感欣慰，儿子这次知道自行改过了。

没想到过了两天，王阳明在王华出门前又拿出一篇奏疏，解释说："父亲大人，您上次说那篇都是老生常谈，我便回去又做了修改，这是升级版，还请替我转呈皇帝陛下。"

这篇《帝国平安策》现在已不可考，王阳明的对策是老生常谈，还是针砭时弊，已经没人能够回答，但这份少年时起便立志建功的热忱，的确是给了历史一个完美的答案。

王华实在是拿这个儿子没办法，只得耐着性子跟他说："你的出发点是好的，但想要建功立业，首先要有政治智慧，其次要有政治平台。如今，你空有一腔政治热情，却连皇帝的面也见不着，若不参加科举考试，又怎能为自己搭建平台，施展政治抱负呢？"这一番话终于把王阳明说得有些开悟的样子，但知子莫若父，王华知道，过不了几天，王阳明肯定又要弄出什么新的名堂来。

王华思来想去，决定使出一计绝招，心想或许可以改变这个叛逆少年。

这个"绝招"就是让王阳明成亲，最好能早点当父亲，这样就能让他深切体会自己为子计深远的良苦用心。当然，王华这么做并非一时兴起的乱点鸳鸯谱，实则是源自他的一个承诺。

同是浙江余姚人的诸养和彼时已经早早入了官场，有一年到王家串门，见到小王阳明活泼可爱，又听说他出生时的神种祥瑞，洒酣耳热后一冲动就将自己的掌上明珠许配给了王家。未曾想王阳明才十一岁时，王华竟高中状元入朝为官，当了翰林学士，可谓前程似锦。王华是个重诺的人，就在王阳明十七岁时，他主动提出要送王阳明回家完婚。此时诸养和任职江西布政司参议，相当于地方厅级干部，但王华已是当朝重臣。门第关系加上千金之约，诸养和激动万分，对亲家说，聘礼什么的都不重要，只要女婿一人来南昌完婚就行。诸养和精心准备，要给女儿、女婿办一场盛大的婚礼。

高朋满座，喜气盈门，婚礼果然很盛大。王阳明感觉百无聊赖，仿佛与自己全无干系。于是他信步到街上透透气，走着走着，突然来到一处道场，抬头一看，只见匾额上题着三个大字——铁柱宫。

这时天色已晚，铁柱宫里十分安静，王阳明忍不住走上前去，只见一个老道士端坐榻上，鹤发童颜，呼吸绵长，垂眉闭目，若入定之状，一看便是名山大川里修行多年的道士。王阳明顿时起了兴致，而老道士见到面前这位年轻人骨相奇特，竟也十分喜欢，二人相见恨晚，于是秉烛夜谈。及至东方既白，老道士突然问道："你也不是本地口音，到此地有何贵干啊？"

这一问，王阳明才如梦初醒，回答说自己是来南昌完婚的，而"洞房昨夜停红烛"，自己却成了落跑新郎。王阳明赶紧起身，忙不迭地告辞，但临走又觉与这位老道士谈得意犹未尽，不由感慨说："不知何日才能与道长再见？"老道士掐指一算，微微一笑说："二十年后你我还须一见，那时才是你人生的转折期，切莫忘了贫道。"

所以湛若水形容王阳明好神仙、佛老，可以说"溺"

这个词用得非常准确。连"洞房花烛夜"此等人生"四喜"之一都能忘记,这不是溺又是什么呢?

其实王阳明与神仙、佛老之习的渊源自小就已经结下。王华在还没考上状元之前,为了生计与巩固学识,经常带着王阳明四处讲学授课,在海盐的那段时间就寓居在资圣寺的杏花楼中。梵音缭绕耳濡目染,滋养着王阳明对佛道的好奇心。后来王阳明自述沉溺于佛老异说三十余年,就是从资圣寺杏花楼开始的,他还在此留下了诗作《寓资圣僧房》:

落日平堤海气黄,短亭衰柳舣孤航。
鱼虾入市乘潮晚,鼓角收城返棹忙。
人世道缘逢郡博,客途归梦借僧房。
一年几度频留此,他日重来是故乡。

将佛寺僧房视作精神故乡,足以体现"溺"之深了。王阳明长大后跟着父亲到北京学习,父子俩一度居住在帝都最繁华最热闹的长安街坊中——佛寺道观林立,正统年间的佞宦王振花费数十万两银子修建的大兴隆寺就在这街上，此外还有朝天宫、文昌阁、土地庙、关帝庙、城隍庙、灵济宫等佛道场所——王阳明自小就生活在这样的环境中。

有一次王阳明来到杭州，听说虎跑寺有一位神僧，已经坐观三年不语不事，显然是奔着达摩祖师"面壁九年图破壁"而去的。王阳明听说后，便来到这位和尚身边，先是围着他端详了好半天，忽地用佛门狮吼断喝一声道："这和尚终日口巴巴说甚么！终日眼睁睁看甚么！"

佛家讲究不言即禅、不语即佛，而王阳明却说神僧终日口巴巴、眼睁睁。并非王阳明不懂而妄言，这在佛家里称为"打机锋"，就是获得顿悟的一种契机，说明王阳明对佛法的研究其实非常深刻。此话一出，三年不语、不视的和尚突然回归红尘了。王阳明问他："家中还有何人？"和尚答："唯有老母。"王阳明追问："想她吗？"和尚落泪了："怎能不想？"据说第二天，那位和尚就还俗回乡了。

在念亲与种性之间，王阳明已经将释道二氏贯通于儒，并且由此找回了儒家的根本，可以开宗立派、影响世人了。后来王阳明曾写过一首诗送给自己的小舅子诸偁：

> 阳伯即伯阳，伯阳竟安在？
> 大道即人心，万古未尝改。
> 长生在求仁，金丹非外待。
> 缪矣三十年，于今吾始悔。

这首诗直接表明了王阳明对外丹修炼、长生不死的怀疑，并且对自己三十余载耽溺于神仙佛老之学的愧悔。虽然王阳明已经从这两条路中走出来了，但释道二氏对他的影响却一直存在。王阳明一生中每遇困厄，便喜欢静坐参悟，只不过后来跳脱出仙佛之道的王阳明将静坐参悟这一佛道之教以儒化之融为自己心学的静坐罢了。

我们回到王阳明"洞房昨夜停红烛"的那场婚礼之后。

王阳明大婚礼成，该带着妻子回浙江老家了。途经广信府，听说理学大师娄谅在此讲学，王阳明喜出望外，当即舍舟登岸，直奔娄谅而去。显然，此时的新婚之乐于王阳明而言，确实不如娄谅重要，因为娄谅的出现关乎王阳明长期以来追求的第一等事，即如何才能做圣人。

提及娄谅，提及成圣，甚至提及五百年来王阳明的价值与意义，都无法绕开一个沉重的话题——宋明理学。

宋明理学，一般被称为程朱理学。理学所包含的内容非常丰富，程朱理学作为宋明理学的主流，从二程到朱熹一脉相承。元代后，朱熹的《四书集注》与为"五经"做的传注成为科举考试的官方指定参考书目；明成祖永乐十三年（1415），官方修成《四书大全》、《五经大全》和《性理大全》，标志着程朱理学作为官学的统治地位得以全面确认。因此，王阳明想要成为圣人，当时能看得到的，就只有程朱理学这一条路。

新婚之后，王阳明虽向成人迈近了一步，但他念念不忘的，还是成圣之路。听闻理学大师娄谅就在广信府讲学，王阳明自然不肯错过这个绝佳的请教机会。娄大师虽然名气很大，但他折节下士，亲切地接见了彼时还名不见经传的青年王阳明。王阳明虚心请教如何才能成为圣人，娄谅用坚定的语气告诉他，"圣人必可学而至"。此话至为有名，即是说圣人是可以通过努力学习来成就的。王阳明一听兴奋不已，表示自己一直在努力研习兵法，希望将来能"为万世开太平"！

岂知娄谅听后，慨然摇头，告诉王阳明说，此大错特错，误入歧途矣！所谓"内圣而外王"，你还没有走通"内圣"的路，想要"外王"，岂非痴心妄想？

"内圣而外王",虽然最早是庄子提出的,但儒家成圣之路正讲究内圣外王,于人而言要内具圣德、外施王道,娄谅之意是将内圣作为外王的先决条件,如未参得内圣,那么太平兵法一类的外王之道便是空中楼阁,无从谈起。

王阳明接着请教,那要如何才能内圣呢?王阳明求知的目光炯炯,娄谅传道的目光也如炬,娄谅十分确定地告诉王阳明,答案只有四个字——

格物致知。

王阳明不由惊叹大师之能,一句话便点明了自己的成圣之途。王阳明带着妻子回到老家后,立刻收拾起以前伶牙俐齿的机灵劲儿,开始变得方形矩步、不苟言笑起来——因为理学首先强调的便是严谨。

王阳明反思了近一年来的所学、所思、所获,顿觉南昌娶亲确实是改变他人生的关键,倒不是因为娶妻成家,而是因为途中问道于娄谅。王华要是知道王阳明这样的想法,估计也只能感慨"无心插柳柳成荫"了。

机缘既已到,王阳明便找出程朱理学的书认真钻研。旁人读朱熹是为了"书中自有黄金屋",是为了应对科举,王阳明却真是向里狠钻,一头扎进理学的池子,仔细研读体悟。但是光读书还不够啊，娄谅说了，关键还是要格物致知，于是，名垂史册的"阳明格竹"开始隆重上演。

一天，王阳明和一位钱姓同学在一起讨论理学的成圣之道，王阳明说既然唯一的方法就是格物致知，那我们便格物去罢。

那格什么呢？

王家最多的就是竹子，爷爷王天叙读书之余，最大的爱好就是品竹。明人为其作传称之："性爱竹，所居轩外环植之，日啸咏其间。……客有造竹所者，辄指告之曰：'此吾直谅多闻之友，何可一日相舍耶？'学者因称曰竹轩先生。"

所以王阳明要格物，首选即是格竹。

钱姓同学自告奋勇："我先来！"于是一头扎进竹海，坐在一根竹子面前，瞪大双眼屏息凝神地看。

就这样锲而不舍地看了三天，钱同学实在是熬不住了，眼前不见竹子之道，只见金星乱冒，几乎要一头栽倒在竹林里。他对王阳明说："这格物可真不是一般人能做到的，我不行了，交给你了。"

王阳明确实也没辜负钱同学的希望，铆足了全身的劲儿，挖掘出十二分潜力，在竹林里一坐就是七天，把所有的精气神都用在了眼前的竹子上。

是王阳明自幼体格过人，比同龄的钱同学要强得多，所以才能坚持七天吗？其实不然，王阳明之所以能比他的同学多坚持一倍多的时间，是因为他把这次的格竹当成了学会朱熹格物致知之法的关键，而朱熹的格物致知之法又是他成为圣人的关键，所以他全身心地投入这次的格竹试验。

可即便王阳明全身心地投入，但结果还是和他的同学一样，到了第七天的时候，除了心头一片茫然，可谓是一无所获，最后他的眼前甚至出现了幻觉，仿佛所有的竹子都在窃窃嘲笑："我们这么简单的道理你也格不出来，还想成圣吗？"王阳明在心中愤怒地反驳道："你们根本就没道理，让我怎么格？"

一阵急火攻心，王阳明张口竟咳出斑斑血迹，精疲力竭，晕了过去。

这就是中国哲学史上著名的格物实践——阳明格竹。

阳明格竹的失败，对其一生来说，有着重要的意义，从此，他对理学"格物致知"的这套理论产生了怀疑。但彼时的王阳明认为自己无法格而成圣，只好转而走向辞章之学。这一溺可能是作为父亲的王华最感欣慰的。

这辞章之学有两层意思，一是诗词歌赋的词章之学。

作为哲学家的王阳明过于耀眼，以至于人们往往忽略了他从小就是诗词神童的事实。除此前前往北京途中灵光闪现而作的两首诗之外，在北京作为太学上舍生学习生活期间，王阳明也创作了许多脍炙人口的诗作。

当时，朝堂内外颇多贤士都发现了王阳明这块词章圭玉，纷纷前来请这位还没考取功名的太学学生写诗作序。高平县令杨子器编成《高平县志》之后，也专门派人入京请王阳明为其作序。杨子器是成化二十三年（1487）进士，可以算是王华的"门生"了。王阳明所作的这篇《高平县志序》，可谓是大彰其才：

……今天下一统，皇化周流。州县之吏，不过具文书，计岁月，而以赘疣之物视图志。不知所以宜其民，因其俗，以兴滞补弊者，必于志焉是赖。则固王政之首务也。今夫一家，且必有谱，而后可齐，而况于州县。天下之大，州县之积也。州县无不治，则天下治矣。明甫之独能汲汲于此，

> 其所见不亦远乎！明甫学博而才优，其为政廉明，毁淫祠，兴社学，敦伦厚俗，扶弱锄强，实皆可书之于志，以为后法。而明甫谦让不自有也。故予为序其略于此，使后之续志者考而书焉。

这篇序作中，王阳明不仅夸赞了《高平县志》本身之佳，更从县志作为地方重要记载文书的角度出发，以小见大阐发对经国安邦的现实问题的思考，隐隐可见王阳明在太学的成长，他已有足够的参与科举考试的应试之才。

这便是辞章之学的第二层含义，举业之辞章。

照理说，王阳明作为"官二代"，又在北京接受了最正统的儒家教育，展现出极高的才华，得中进士应该是顺理成章的事情。但木秀于林，风必摧之，正是王阳明的天才惹来妒忌，屡次遭人作梗，弘治九年（1496）他已经第二次会试落榜了。

当太学同学因为落榜而耻时，王阳明却落落大方地安慰道："世以不得第为耻，吾以不得第动心为耻。"这是何等的磊落气魄，又是何等的自信与阳光。

弘治十二年，也就是公元1499年，这一年的会试在大明历史上非常有名，因为参考的还有大名鼎鼎的唐伯虎。这位天才艺术家虽怀有连中三元的志向，却也因遭人嫉妒而被卷入一场著名的科考案，以致后来终身被排除在科举考试之外，与仕途无缘了。这也使得唐伯虎一生愤懑，形成了狂狷、孤介的性格，导致其在悲剧中度过了后半生。

但彼时，比唐伯虎小两岁的王阳明却成熟不少，不动声色地过了这重要一关，在后来的殿试中取得二甲第七名，也就是全国第十名，荣登进士。

王阳明自己对名次其实无所谓，他之所以参加科举考试主要是想通了王华所说的，想要成为圣人，为生民立命，为万世开太平，首先要有施展抱负的平台。连《论语》中也说学而优则仕，连孔老圣人都看中政坛这个平台，何况王小圣人呢？就这样，王阳明考中了进士，入了官场，王华的一颗心总算是放了下来。

为官之初，王阳明还一门心思扑在辞章之学上，当时明代著名的"前七子"（李梦阳、何景明、徐祯卿、边贡、康海、王九思、王廷相）与王阳明即有诗坛争鸣的往来大作。同为余姚老乡的倪宗正曾评价王阳明说："阳明诗文，起初亦出自何李之门。不数年，乃能跳出何李窠臼，自成一家。呜呼，当世若阳明者，真可谓豪杰之士矣。"

可见，如果王阳明没有发出"吾焉能以有限精神为无用之虚文也？"的感慨，继续在辞章之学中深耕，恐怕明代诗文史也得改写。至于王阳明从辞章之学中改道的原因，便离不开仕途上所遇到的生死一劫了。

兵家、道家、仙家、佛家，乃至程朱理学，其实都是王阳明在成就人生第一等事即做圣人的道路上的寻觅与尝试。在这种寻觅中，他渐渐形成了海纳百川、兼收并蓄的胸襟，也渐渐对各种学说的利弊有了深刻的认识。

但这种认识还需经过生活的某种磨砺才能实现升华。对王阳明来说，这种磨砺并不能从落榜这种一般人认为的生活坎坷中来，与一般人刚好相反，他的磨砺恰是从考中进士的命运中来。当王阳明终于站到父亲最希望他拥有的"学而优则仕"的平台之上时，他遇到了生命中最大的危机和陷阱，而这场磨难，让他此前的所思所学、所忧所惑，都得到了一种升华。

三、诏狱、生死、龙场

虽常言宦海浮沉，但王阳明也并非入仕之初就陷入迷茫。

起初王阳明被安排至工部观政,工部相当于现在的住建部,观政也就是实习。王阳明接到的第一项任务是负责一个具体的工程,为当时已经逝去的威宁伯王越修建坟墓。这个威宁伯王越也是明朝一代奇才,是一个传奇的儒生兼儒将。

王阳明很小就特别崇拜王越。他小时候还做过一个梦,梦见王越很欣赏他,说他将来要继承自己的遗志,还把自己征战威宁海时候的佩剑赠送给了他。

所以,为王越修墓这份工作,王阳明干得非常投入,而且干得非常好。颇为神奇的是,墓修好了之后,为了感谢王阳明,王越的儿子居然主动把父亲当年征战威宁海时的佩剑赠送给了王阳明。命运的齿轮流转,王阳明后来也是儒生兼作儒将,平宁王之乱,受封新建伯。

明代历史上共有三个文臣以儒生身份行儒将之实,最后都被封伯。一个是英宗朝的王骥,被封靖远伯;一个是王越,被封威宁伯;还有一个就是王阳明,被封新建伯。前后一百年之内,奇的是都姓王。明代的大史学家王世贞写到这段历史的时候,激动万分,连书三个"大奇!大奇!大奇!"。

工部观政之后,王阳明被调入刑部。因工程之事本就不复杂，加之军事偶像的动力，王阳明在工部的生活还是很愉快的。但到刑部之后，桩桩件件冤假错案与奸险狡诈的黑暗现实向王阳明扑面而来。王阳明是立志成圣的，圣人当如何？圣人便是要"仁者爱人"的。当接触到大量的社会黑暗与司法不堪的现实之后，王阳明便出离愤怒了。

往往越黑暗的地方，越能激发心灵的光明，激发思想的光明。作为一个思想者，王阳明在这个阶段已经提出执政者和执法者致良知的问题，他自己更是身体力行。《阳明先生年谱》里说，王阳明任职刑部的时候，"所录囚，多所平反"，即到他手上的案子，他要保证公平、公正、公开。可是他身微言轻，何况一个人的力量也不足以改变明代庞大的刑事体制。在刑部的监狱里，狱卒对犯人的虐待丝毫不逊于后来方苞那篇著名的《狱中杂记》所描述的情景。当看到这些令人发指的现实，王阳明产生了一种巨大的无力感，内心顿感迷茫，但他哪里知道，他后来的遭遇远比刑部那个黑暗大牢里的还要惨。

明代政治有两大特点：一个是特务政治，依赖宦官，出现了有名的锦衣卫和东、西厂；还有一个是言官政治，也就是文官政治，依赖文官集团。明代是宦官乱政最为激烈的朝代之一。一开始英宗朝宦官王振乱政，还只是一个个人现象；第二个阶段是武宗朝的刘瑾乱政，刘瑾为首的"八虎"已经形成了宦官团伙；第三个阶段是熹宗朝的魏忠贤乱政，以魏忠贤为代表的阉党与文官集团水火不容、相互争斗，最终文官集团惨败，中国政治史上最黑暗的一页也由此揭开。

王阳明入仕正赶上荒诞的武宗朝，明武宗朱厚照整个的人生一言以蔽之：荒诞！荒淫无度的荒，怪诞幼稚的诞。他生平最大的爱好就一个字：玩。到什么地步？他给自己另取了一个名字，封自己为威武大将军朱寿，后来还封官封到镇国公，要在兵部注册，还要让户部发工资。皇帝不当，封自己做将军，完全就是孩子心性。

而故事的另一位主人公刘瑾，原来姓谈，陕西人，也是个穷苦出身，流浪到京城后，混于三教九流之间，学了不少东西，最后投靠一个姓刘的太监，做了干儿子。刘瑾此人颇有心机，做事狠辣，为了谋得出身，十几岁的时候便挥刀自宫，做了太监。刘瑾为人又很活络，而且善于察言观色，得弘治皇帝赏识，被派去东宫陪伴太子，也就是陪伴朱厚照。刘瑾与朱厚照从小一起玩到大，朱厚照特别喜欢他。刘瑾年龄比朱厚照大，而且在三教九流里头都混过，特别会玩儿，整天就带着朱厚照。朱厚照登基之后更是不可收拾，哪里都离不开刘瑾。

在太监刘瑾等人的唆使下，朱厚照不住在皇宫里，而是弄了一个豹房。这个豹房既养着老虎、豹子这些珍奇的动物，也有搜掠来的大量的民女，甚至还有妓女。有一次，皇宫大火，朱厚照在豹房，举头一看乾清宫都烧着了，高兴得拍手大叫，说好大一捧焰火！

王阳明身处的时代，就是由朱厚照这样荒诞的皇帝统治和由刘瑾这样的宦官乱政的时代。

宦官乱政到刘瑾这个时期已经不是一个人，而是一个集团。八个宦官，即马永成、丘聚、谷大用之流，被称为"八虎"，以刘瑾为首的乱政之势就形成了。刘瑾乱政到了什么地步？——所有的地方官回京述职，必须去贿赂刘瑾，否则乌纱难保已是轻的；没有钱的外地官员到了京城，只好找富户借债。当时，贿赂刘瑾的专用资金即被叫作"京债"。

武宗上台之后，刘瑾当道，三位顾命大臣刘健、谢迁、李东阳坐立难安，一看刘瑾乱政之势已成，便商量要剪除刘瑾。

为了剪除刘瑾，这些文官不惜放下身段，和当时的司礼监大太监王岳合作。文官们没有别的办法，只有上疏，只有劝谏。刘健、谢迁发动朝廷所有有正义感的官员，上疏皇帝。到最后，不仅内阁学士们上疏，九卿六部都一起联名上疏。

可惜文人上疏劝谏的做法在黑暗的政治势力面前，的确过于简单了，且文官内部也并非铁板一块。历来文官集团和宦官集团的斗争中，总有一些没有骨气的文人会变成宦官的走狗，当时的吏部尚书焦芳就是如此。焦芳跟刘健、谢迁这些人不对路子，早前要进翰林院，看刘健不同意，于是就投靠了刘瑾。他在这个关键的时候通风报信，将文官联名上疏的事情告诉了刘瑾。当天夜里，刘瑾就与"八虎"一起来到武宗的寝宫，围着武宗磕头痛哭流涕，说，其实不是内阁大学士们、这帮文人们要置我们于死地，要逼死我们的其实是司礼监大太监王岳。朱厚照一听，就问王岳为何要如此？刘瑾便说王岳一直与"八虎"不和,说我们整天飞鹰走狗,陪着皇上玩儿。王岳自己也干过啊!他只是看不过我们真心帮着您。这帮文官其实也是这样,就怕您身边有跟您一条心的人。他们把我们赶走,把我们杀了,就可以彻底孤立、架空您了。

这话正触到了皇帝的逆鳞,朱厚照的心思立刻就转了,大光其火,说早就觉得王岳不是什么好东西。朱厚照要收拾王岳。这时候刘瑾趁热打铁,最后竟说得朱厚照即刻撤了王岳的司礼监大太监之职,让刘瑾来做,而且让刘瑾任司礼监掌印太监,为二十四衙门之首;让马永成做秉笔太监;让丘聚提督东厂,谷大用提督西厂。东厂、西厂作为明朝的特务机构,不经过司法程序就可以抓捕官员。一夜之间,"八虎"迅速翻盘,甚至原来得不到的也全都握在了手里。

天翻地覆,一场剧变。刘瑾大权在握后就开始血腥报复,开始大清洗。京官为此受难者,不计其数。不仅北京的京官,南京的言官们也纷纷上奏,但刘瑾此时正是权势熏天,二话不说就把这些联名上疏的言官全部抓捕到北京,先廷杖,然后扔进锦衣卫的诏狱之中百般折磨,其中蒋钦、戴铣两人铁骨铮铮,死得最为壮烈。

在"八虎"的淫威之下，文武百官噤若寒蝉，整个朝廷黑云压城。就在所有人都不敢再说话的时候，任职兵部的年轻主事王阳明却突然挺身而出。据说也有人劝过王阳明，说前面闹得很凶的时候不见你说话，现在肯定没好下场的时候，你跑出来说什么话呢？王阳明淡然地说，之前闹得凶，人人都在上表，多我一个不多；但现在人人良知泯灭，少我一个便少了！

这是怎样的勇气啊！明知山有虎，偏向虎山行。王阳明给武宗皇帝写了一篇奏疏，叫作《乞宥言官去权奸以章圣德疏》。王阳明写此文非常讲究策略，虽然题目里头说了去权奸，但具体内容没提刘瑾什么事。他给武宗皇帝讲大道理前还颇有策略地拍了一下武宗的马屁，说"君仁臣直"，为什么有那么多忠直耿介的臣子呢？那正是因为皇帝您仁德啊！王阳明接着说：

> 但铣等职居谏司，以言为责，其言而善，自宜嘉纳施行；如其未善，亦宜包容隐覆，以开忠谠之路。乃今赫然下令，远事拘囚，在陛下之心，不过少示惩创，使其后日不敢轻率妄

> 有论列，非果有意怒绝之也；下民无知，妄生
> 疑惧，臣切惜之。

就是说，南京这群言官如果说错了，皇上您应该包容；如果说对了，您就听。而您不但根本听不进去，还远远地把他们从南京抓来。这些人都是什么？都是言官啊！老百姓不了解，就会疑惧。疑惧什么？疑惧建国之初就设下的一个制度，就是言官政治的本质啊！我为此感到惋惜啊！

大明王朝在制度建设上颇有特色，改革了监察制度，把明之前的台谏制改成了都察院制，还专门设立了六科给事中。这是古代官员监察中第一个自下而上的监察制度，也是明朝的制度之本。王阳明一下子就点中了关键之处。然而，任王阳明的思想再深刻，文笔再好，也不敌刘瑾的不择手段。刘瑾彼时虽然不了解王阳明，也不清楚这位区区兵部主事是什么来头，但还是立刻把他抓了起来，廷杖四十。

朱元璋创立的廷杖制度，本来是对文官、对知识分子的一种侮辱。刘瑾乱政之前的廷杖，打屁股时是可以穿棉裤的，甚至可以在朝服下头垫棉衣棉裤，身上可以绑

上厚的毡子，因为原本只是一种侮辱形式嘛。但从刘瑾开始，廷杖要扒了裤子打屁股，把护具都撤了之后，有的人当场就被打死。

刘瑾训练的锦衣卫校尉平常要练打板子的技术。怎么练呢？用一张皮，在里面裹上砖头来练打板子。这个功夫，往狠了打，要练到什么程度？要练到几板子下去，砖头碎了，但皮子一点事没有。往轻了打，又要练到什么地步呢？在皮子上铺张纸，板子打得噼里啪啦响，但纸一点都不破碎。

据说，凡是刘瑾看不顺眼的人，他就命令锦衣卫校尉站成内八字，意思就是往死里打。若只是让站成外八字呢，意思就是可以轻一点打。刘瑾的口令就是信号。王阳明被打了四十大板，皮开肉绽，然后被扔进了锦衣卫的诏狱。

就这样，王阳明从一个养尊处优的状元公子，一下子变成了囚犯，可谓从天堂跌到了地狱。

说是地狱一点不为过，锦衣卫的诏狱是明代最恐怖的大牢。虽然王阳明自己曾经当过刑部的官员，曾说刑部的大牢是十八层地狱，但和诏狱相比，三法司的大牢简直算是天堂了。晚明的民族英雄瞿式耜曾经这样描写锦衣卫诏狱的可怕,"一属缇骑,即下镇抚,魂飞汤火,惨毒难言,苟得一送法司,便不啻天堂之乐矣"。那个时期的诏狱主要关押的都是政治犯,一般人很难想象里面究竟恐怖到什么程度。

王阳明受刘瑾"特殊照顾"的四十廷杖之后,虽然身子底子好,撑是撑下来了,却已经是奄奄一息。正德元年(1506)的除夕之夜,北京城里家家户户都在过着团圆年,吃着年夜饭,而身处诏狱之中的王阳明,身体和心灵都受到了极大的煎熬,第一次感受到了死亡的威胁,他于是写下了诗作《不寐》:

> 天寒岁云暮,冰雪关河迥。
> 幽室魍魉生,不寐知夜永。
> 惊风起林木,骤若波浪汹。
> 我心良匪石,讵为戚欣动?
> 滔滔眼前事,逝者去相踵。
> 崖穷犹可陟,水深犹可泳。
> 焉知非日月,胡为乱予衷?

深谷自逶迤，烟霞日悠永。
匪时在贤达，归哉盍耕垅。

　　游走在生死边缘的时候，王阳明有惶恐，也有迷惑，但他还是找到了一个自救的方法。在诏狱，王阳明开始把兴趣、注意力转到了《周易》上面，他想到了"文王拘而演周易，仲尼厄而作春秋"，当年周文王被拘禁，便开始推演《周易》。《周易》其实是中国文化，尤其是古代文化的重要源头之一。一般来说，易有三易，我们说《周易》只是三易之一。夏有《连山》，商有《归藏》，周有《周易》。当一个人的人生困顿至极、别无出路的时候，受环境的压迫，反而会去寻找生命的本源意义。王阳明便是在诏狱里开始研究《周易》的。

　　研究《周易》，就可以推知文化、文明以及这个民族对生命的终极认识。王阳明这时候有首诗叫《读易》：

囚居亦何事？省愆惧安饱。
瞑坐玩羲《易》，洗心见微奥。
乃知先天翁，画画有至教。

包蒙戒为寇，童牿事宜早。
蹇蹇匪为节，虩虩未违道。
《遁》四获我心，《蛊》上庸自保。
俯仰天地间，触目俱浩浩。
箪瓢有余乐，此意良匪矫。
幽哉阳明麓，可以忘吾老。

有时候人生的困顿，反倒是一个巨大的机遇，使得人们去寻找那些终极的意义、终极的源头。王阳明在诏狱这个狭窄、困顿、窘迫、肮脏的环境里，什么人都无法依靠，他唯有依靠自己的内心，反而从自己的内心中找到一种终极的力量。这种思索，其实已经为王阳明的人生开启了一段蜕变的旅程。

王阳明在狱中推演《周易》，根本不知道外面已经天翻地覆。刘瑾编造了一个奸党名录，也就是反对派名录，就像宋代元祐党人碑一样，一共列了五十三个人，王阳明排位第八。宦官集团所列的奸党，其实就是文官集团的英雄们。区区六品兵部主事王阳明居然排第八，而排在他前面的则是刘健、谢迁，以及各部尚书，官职最小的李梦阳那时也已经是天下文坛的盟主了。

其实刘瑾并非重视王阳明，而是重视他背后的那座高山——王阳明的父亲王华。王华在孝宗时就已是皇帝的老师，这时已然成为文人的精神领袖，所以刘瑾处理王阳明时下手格外重，并派人向王华示意，企图拉拢王华。

王华虽然也为儿子的命运焦虑，但是文人的气节绝不可退一步，他绝不肯向刘瑾求情，始终只有淡淡的一句，"我儿子做的是对的"，别的便不再说。真可谓——风雨欲来之际，我自岿然不动。后来王华也被贬官，被外放到南京去做吏部尚书。吏部尚书虽称天官，但在南京也不过一份闲职。

王阳明在狱中挺过来之后，朝廷的处理意见也已颁布。刘瑾看王阳明挺过了廷杖，又挺过了诏狱，就只能把王阳明贬到贵州龙场驿去做驿丞。

这可不是刘瑾善心大发，其实这样的安排更是用心险恶。听到这个消息，湛若水等朋友都觉得王阳明生还无望，因为在当时人的眼里，贵州龙场实乃瘴疠之地，满山都是毒虫，被流放到那儿去的人几乎都是死路一条。明代这一点和宋代一样，贬官外放，其实就是一种流放，就像把苏东坡流放到海南岛一样，本意是希望被流放者就死在那里,别指望再回来了。所以说,刘瑾将王阳明贬谪到贵州龙场驿,是一个非常恶毒的手段。

王阳明从狱中出来,身体还没有完全养好,朝廷便已经下令把他流放到贵州龙场驿。按照规定,他必须立刻动身。正德二年(1507)闰正月初一,他先和京城的友人告别,湛若水等朋友都来送他。与京城的友人告别后,王阳明绕道浙江,顾念亲人的他想要回家看一看自己已然年近九十的祖父祖母,然后再赴龙场驿。王阳明一路上拖着病体缓行,走到杭州的时候,突然发现有人一直跟着他——刘瑾居然派了锦衣卫的杀手跟上来了!

刘瑾是不会那么轻易地放过王阳明的,阴险狡诈的他为自己上了双重保险——先把王阳明贬到蛮荒之地去,就别指望能生还;又派杀手跟踪,能在路上早点解决则更好。

王阳明发现锦衣卫的存在之后,表现出了一种难得的急智。他设局金蝉脱壳。《阳明先生年谱》里说:"先生至钱塘,瑾遣人随侦。先生度不免,乃托言投江以脱之。"到了杭州,在圣果寺与友人相聚的时候,王阳明发现杀手已然跟了上来，便在这个夜晚题了两首七律绝命诗。其中一首诗云：

> 学道无成岁月虚，天乎至此欲何如？
> 生曾许国渐无补，死不忘亲恨不余。
> 自信孤忠悬日月，岂论遗骨葬江鱼。
> 百年臣子悲何极？日夜潮声泣子胥。

这是以死明志。很显然，王阳明此志已绝。到了江边，锦衣卫的杀手快追上来的时候，王阳明把绝命诗和衣物放在江边，为了把戏做足，就一头扎进了钱塘江，潜伏在一艘商船下。王阳明是浙江余姚人，水性自然不错，但此举依然是危险至极。锦衣卫的杀手追上来之后，看到王阳明的绝命诗，以及他留在江边的衣物，相信王阳明已经投江自尽，就回刘瑾那儿复命去了。

王阳明跳江之后，被商船上的人救了，就跟着这艘船。本打算掩藏行迹，到舟山群岛后再上岸，结果遇到了台风，一直被吹到福建沿岸。王阳明此时已是非常落魄，只得告别船主，寻路而行，不知不觉间走入了武夷山中。

谁知命运百转千回，王阳明竟又寄居在武夷山中的一座寺庙里，不得不感慨王阳明与仙佛的机缘之深。

一天，王阳明走出禅室，走到院子里，突然发现院子里坐了个老道士。老道士一见王阳明，就笑容可掬地冲他招手。王阳明一看便惊住，这个道士居然是二十年前他在南昌铁柱宫见到的那个老道士！

这又是何等的机缘！老道士一看王阳明便笑着说："二十年前曾见君，今来消息我先闻。"这个道士上山来，就是为了赴二十年前秉烛之约，到此点化王阳明的。两人在武夷山中的巧遇，看来是命里注定。

道士知道了王阳明的经历，就问他作何打算。王阳明劫后余生，情绪低落到极点，可说是心念如灰。王阳明对道士说："此后掩行藏迹，既然世事这么危险，不如隐居，融化于天地之间。"道士却摇摇头说："这样虽逃得一时，但是以刘瑾这班宦官集团的毒辣手段，你是逃了，你父亲怎么逃得了？如若诬你北投蒙元通敌之名，你阖家的亲人怎么办？"

王阳明学佛学道，喝悟闭关禅僧时即是以至亲唤情，当下他心里也同样放不下血脉至亲。确实如此。一人虽逃得了危难，父亲怎么办？家中亲人怎么办？又如何躲得过刘瑾的毒手呢？那该怎么办呢？道士一笑："你颇爱《易》学,那我们就来卜上一卦。"这位道士就当着王阳明的面,为他卜得一卦,卜得的卦象是"明夷"。

明夷卦是周易六十四卦中的第三十六卦:"明夷。利艰贞。"此卦的主旨是讲,人的内在要意志坚定,而外在要旷达顺从。柔顺以待外,坚定以守内,自然困厄尽变。《象辞》说:"君子观此卦象,治民理政,不以苛察为明,而是外愚内慧,容物亲众。"王阳明看到这明夷卦,一时大彻大悟,当即回去写了一首七绝。诗云:

险夷原不滞胸中,何异浮云过太空。
夜静海涛三万里,月明飞锡下天风。

这就是王阳明诗作中最为人所传诵的名作《泛海》。而心学的诞生之途,也从这首诗里正式拉开了序幕。

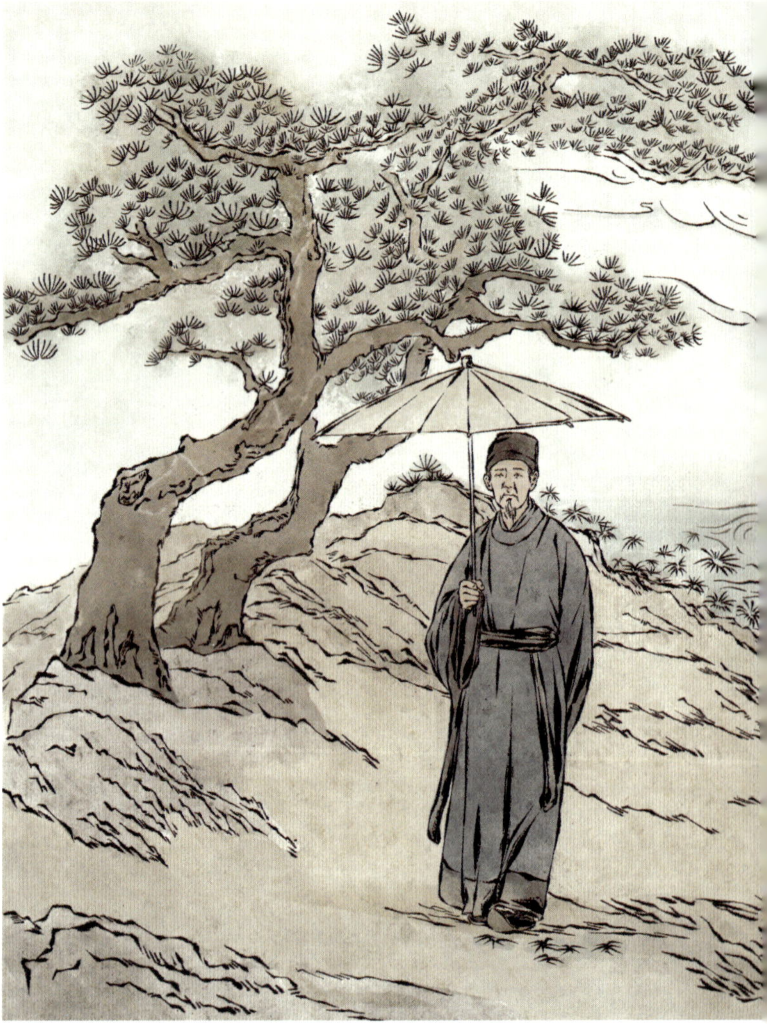

第二章 一路向黔

《沅水驿》

辰阳南望接沅州,碧树林中古驿楼。
远客日怜风土异,空山惟见瘴云浮。
耶溪有信从谁问,楚水无情只自流。
却幸此身如野鹤,人间随地可淹留。

　　人生,就是在路上!

　　世间的路,有千万条。对于中国古代的士大夫而言,大概最难走的一条路,叫"贬谪之路"。而王阳明却在这条路上一路向黔,走出了一片别样的"人间"。

一、王门始徒

自武夷山中卜得明夷卦并写下自明心志的千古名作《泛海》之后，王阳明对接下来的人生走向其实已经大概做到了心有定见，可是他还需要一种支持，一种来自生命最坚实之后盾的有力支持。于是，在走出武夷山后，他潜藏行迹，由闽地暗返江浙，首先不是回到余姚老家，而是出人意料地来到了南京。

王阳明之所以在大难之后首先来到南京，是因为他生命中的那座叫"父亲"的山，此刻正外放南京。

王华因不肯向刘瑾低头，即便儿子被关进诏狱，也只有一句"我的儿子做的是对的"。刘瑾见用王阳明要挟王华不成，便找个理由将王华支出京城，让他去南京任吏部尚书。

王华在金陵城中先是听到儿子投江自尽的噩耗，如今又见到王阳明真切地站在眼前，如果换作一般的父亲，大概谢天谢地之余，便不求其他，只要孩子平安生还就好。可在王阳明将养了几日后，王华便问他接下来如何打算。

王阳明等的便是父亲的意见。他于困厄中慢慢明了了自己的心志，可毕竟先经廷杖与诏狱，又经追杀与逃亡，他内心深处需要一种别样的支持。而父亲之于孩子的一生，除生养之外，最重要的意义就在于于人生挫折、困厄、艰难处的支持！

王华以为王阳明挺身而出勇斗宦官是士大夫本色，如今虽九死一生，逃出生天，但逃避却不是应有的态度。而且，即便接下来龙场是一个死局，可既然是朝廷的任命，作为朝廷命官，作为已然名列"奸党名录"的知识分子表率，还是要勇于面对，要敢于挺身入局。

王阳明看着父亲的眼神逐渐明亮起来，他拖着一身的伤病潜回南京要的就是以父亲的智慧来印证心中的选择，所以他毫不犹豫地点头称是。在那一刻，父子二人的心志与情怀彻底融汇在一起，自幼年以来的逆反与对抗，在这一刻全部化成了一种薪火得以传续的精神息壤。

王华亲自挑选了两个贴身的僮仆，让他们跟随王阳明一起远赴龙场。告别了父亲，王阳明重新走上了那条"贬谪之路"。

因为在父亲那里得到别样的支持而印证了心中坚定的选择，所以走出南京城的王阳明，心境反倒一时阔大而光明起来，不像他自武夷而返金陵是悄悄潜回，他离开时，已知前行的方向，便不再畏手畏脚、掩藏行迹，而是光明正大地去走这条"贬谪之路"。

他先是由南京入浙江，顺便回乡去探望祖母与亲人。王阳明的死而复生让浙江当地的知识分子喜出望外，甚至有很多年轻的学子慕名而来，向他请教。

王阳明来者不拒，尤其是对那些特别仰慕他的年轻人，不论他们提出的是人生问题还是学术问题，他都侃侃而谈，可谓是知无不言，言无不尽。在这个过程中，因为年轻人的诚心求教与自己的悉心指导，王阳明心中突然有了一种冲动——一个在他生命中至关重要的举措，或者说是行动，或者说是一种生存方式，开始悄然萌芽。

这种对于王阳明来说至关重要的生存方式就是——讲学。

后来的王阳明，究其一生来说，其实可谓——最爱是讲学！但在他早年寻寻觅觅的人生中，如前所述，曾经有著名的"五溺"之说，即他的人生知己湛若水所总结的"（王阳明）初溺于任侠之习，再溺于骑射之习，三溺于辞章之习，四溺于神仙之习，五溺于佛氏之习"。也就是说，不论是佛家、道家，还是文武各途，王阳明都有过努力与尝试。这无疑也揭示他心中的那条做圣人的途径，林林总总，却独独没有讲学一途。

如今，在大难不死之后，在即将奔赴龙场的绝地之前，在故乡的庭院与山水之间，他忽然萌生了一种冲动——一代大儒的讲学生涯就此开端。

在为年轻人答疑、解惑之后，王阳明做出了他一生中的一个重要决定——收弟子！

后来王门弟子遍天下，而黄宗羲《明儒学案》中分量最大最重的就是"姚江学案"，即"王门学案"，明代教育史上的一时盛事，其实俱从此发端。

当然，王阳明毕竟是第一次正式收弟子，所以宁缺毋滥，百里挑一。最终，在奔赴龙场之前，他只正式收下了三个弟子——徐爱、蔡宗兖、朱节。

这三个弟子都是当时极为优秀的年轻人，从他们在那一年都考中了举人就可以看出来他们的学识与功底。三人中最为优秀也最为独特的就是徐爱。

徐爱后来被称为"王门颜子"，也就是相当于孔门中的颜回。仔细对照来看，这位"王门颜子"与孔门颜回还真是有许多神奇的对应之处。

首先，他们分别是孔老师与王老师这两位儒家历史上的圣人一生最为珍爱的弟子,都是圣学最重要的传承人。

鲁哀公曾问孔子弟子中谁最好学,孔子回答说:"有颜回者好学,不迁怒,不贰过。"甚至说在颜回死后,就"未闻有好学者也"。而当孔子问门下最聪明的学生子贡与颜回相比如何时,子贡则并非谦虚而是很有自知之明地说自己只能"闻一以知二",而颜回却能"闻一以知十"。孔老师听了也感叹地说:"弗如也,吾与女弗如也。"孔老师还不止一次地感叹:"贤哉,回也!"

孔子在三千弟子、七十二贤中如此重视颜回,根本原因不仅在于颜回有"一箪食,一瓢饮,在陋巷,人不堪其忧,回也不改其乐"的高尚品质,还在于颜回可谓是孔子儒家学说最优秀的继承者。颜回标举孔子学说,称孔子的境界"仰之弥高,钻之弥坚",并坚定地追随老师,从未动摇。后人评价说"颜渊独知孔子圣也",而在孔子死后,"颜氏之儒"也成为儒家的一个重要的流派,这才是颜回这样的杰出弟子之于孔学师门的最重要的价值与意义所在。

徐爱被誉为"王门颜子",其为王学弟子的价值与意义也首在于此。

在王阳明心学思想体系形成并确立的过程中,徐爱不仅是一个重要的见证者，更是一个重要的参与者，他与老师王阳明的思想碰撞对于心学思想体系的完善以及核心理念的提出都有着不小的影响。

同时，他又是阳明心学早期思想的最早传承者。徐爱字曰仁，号横山，作有《横山集》，其思想的核心俱围绕"心即理""至善求诸心""知行合一"等心学早期重要理论而展开。所以，徐爱可谓是阳明心学早期最突出也是最坚定的标举者。在心学学说尚未被当时社会所认可接受之前，徐爱就为之反复疏通辨析，为阳明心学的传播做出重大的贡献。

不仅如此，阳明心学最重要、最集中阐释的文献典籍《传习录》也是由徐爱开始编纂的。可以说，正是因为有了徐爱的努力，才有了后来心学最重要的典籍《传习录》的洋洋大观。

其次，他们都是英年早逝，而他们的早逝俱成为两位老师教育生涯中最大的伤痛与遗憾。

颜回十三岁就师从孔子，因为用心于学，二十九岁时已是"发尽白"，后来不久便英年早逝。作为儒家圣人的孔子，对于痛失弟子颜回，也不禁伤心地悲号："噫！天丧予！天丧予！"

徐爱师从王阳明后，曾做过一个梦，梦到在山间遇到一个和尚，和尚预言他"与颜回同德，亦与颜回同寿"，后果三十而亡。王阳明闻其死讯，也曾像孔子一样悲号："天丧我！天丧我！"

后来有一次，王阳明讲学讲到得意处，突然伤感地一声长叹说："安得起曰仁九泉闻斯言乎！"意即如此精彩之思想、之学说、之讲解，徐爱却不能听到，不能与我碰撞交流，这真是人生莫大的遗憾呀！然后，"率门人之其墓所，酹酒告之"，直至徐爱墓前，尽诉衷肠。这样的一对师生，大概也只有孔子与颜回才可比拟了。

再次，他们与两位圣人老师之间除却师生关系之外还都另有一种别样的人伦关系。

孔子的母亲名曰颜征在，颜姓得姓于鲁国的始祖伯禽，伯禽子孙的一支封于颜邑，即今天山东邹城市，后以采邑为姓，故为鲁之颜姓。颜回与颜征在俱为鲁国颜姓，所以不少学者认为颜回当为孔子母族之后人，故孔子与颜回之间除了师生关系，恐怕还有一种别样的人伦关系。

相比而言，徐爱与老师王阳明的关系则要清晰得多。因为在王阳明赏识徐爱之前，有一个人就曾经极为赏识这个叫徐爱的年轻人，曾经不吝美词说徐爱"卓然有立，粹然无瑕,可以比美玉,可以比良金者也",并最终把女儿嫁给了他。

这个人,就是曾经的状元、当朝的名臣、孝宗皇帝的老师、王阳明的父亲——王华。

所以在徐爱成为王阳明弟子的三年前,他就先已成为王阳明的妹夫。

可是,这并不影响徐爱隆重而正式地拜师王阳明。我们今人对于这一点可能不太明白,但对于古人来说,尤其是对于古代儒家知识分子来说,亲族代表了血缘与仁爱,而师生却代表了志同道合与薪火相传。

所以,王阳明正式收徐爱为弟子,也并不简单地以妹夫视之。

在准备出发赴龙场前,王阳明为蔡宗兖、徐爱、朱节郑重地写下《别三子序》以赠之,然后转身,踏上一路向黔的跋涉之路。

二、同道中人

贬谪龙场的前路与黔路,想来应该是一条无比荒凉又无比孤独的征程,可王阳明偏偏能将这条艰难、坎坷的向黔之路，走得风生水起，走得春意盎然，原因只在——

师友、前贤伴征程！

王阳明由浙入赣，进入江西之前，首先来到衢州。

衢州知府张维新是甘肃华亭人，一个质朴的北方汉子，尤为难得的是他也是弘治十二年（1499）己未科进士，所以和王阳明份属同年。在当时的儒家知识分子看来，同年情谊，分外不同。所以不管王阳明的贬谪身份，也不管他已是宦官集团的眼中钉，张维新对于王阳明的到来表现出极大的热情。他放下手中的公务，亲自陪同王阳明去游览了衢州著名的大中祥符寺，王阳明因此作有七律《大中祥符禅寺》一首。诗云：

> 漂泊新从海上至，偶经江寺聊一游。
> 老僧见客频问姓，行子避人还掉头。
> 山水于吾成痼疾，险夷过眼真蜉蝣。
> 为报同年张郡伯，烟江此去理渔舟。

尾联说"为报同年张郡伯"，便是点出对张维新盛情招待与陪同游寺的感念之情。

一般认为王阳明的这首七律应是他自武夷山中潜回浙江老家时所作,而且就诗中所写的内容来看,说"漂泊新从海上至",仿佛便是刚刚从落难福建沿海归来,所以当时为了掩藏行迹,当"老僧见客频问姓"之际,"行子",也就是王阳明自谓,居然要"避人还掉头",明显是怕人认出真容。

但若果真如此,当时王阳明方经大难,尤其决赴龙场之志未坚,又怎会有闲情逸致来紧邻江西的衢州专游大中祥符寺呢?况且还有衢州知府张维新大张旗鼓地公然作陪,以当时情形看,实在不合情理。

王阳明在诗中自称"行子",西行之意不言自明,正因他是奉朝廷敕令,西行向黔,虽属贬谪,但以当时士大夫风气,沿途文官更会向此类铁骨铮铮的诤臣表达敬意,以示同道中人的情怀与品格,所以张维新才会不避嫌疑,热情伴游大中祥符寺。

那么,王阳明为什么又要开篇便说"漂泊新从海上至"呢?

很简单,他潜回南京去看父亲王华,那才是真的需要掩藏行迹,否则被宦官抓到把柄,王阳明不仅自身堪忧,甚至还有可能会连累父亲。所以王阳明一路西行,只是宣称自己大难不死，然后即赴龙场驿丞之任，更可见诤臣忠义的坦荡胸怀。

还有一个关键的证据，那就是王阳明在诗中所表现出的心态。

"山水干吾成痼疾"，说的是作为"行子"的王阳明对山水与自然的热爱。"险夷过眼真蜉蝣"，更是从《泛海》的首联"险夷原不滞胸中，何异浮云过太空"直接化来，表现了此时王阳明心志的无比坚定。而"烟江此去理渔舟"的隐逸之说，只是"为报同年张郡伯"的谦辞罢了。况且句中暗含屈原"渔父"的典故，所谓"沧浪之水清兮，可以濯吾缨，沧浪之水浊兮，可以濯吾足"，亦饱含着知识分子独立人格的宣言。

这样的姿态其实反映了王阳明此时从容、笃定的心态，与落难武夷山后的惊魂未定，自不可同日而语。

我们如此确定，还有一个重要的证据，那就是在王阳明诗集中紧随《大中祥符禅寺》诗后的一首七律《玉山东岳庙遇旧识严星士》，诗云：

忆昨东归亭下路，数峰箫管隔秋云。
肩舆欲到妨多事，鼓枻重来会有云。

春夜绝怜灯节近，溪声最好月中闻。
行藏无用君平卜，请看沙边鸥鹭群。

首先，诗题中的玉山即今江西上饶玉山县，而东岳庙就是现在上饶著名的东岳庙。江西上饶市的玉山县紧邻浙江衢州市的常山县，可见王阳明正是由常山入玉山，开始了西行向黔的由浙入赣之路。

其次，诗中所体现出的从容、笃定的心态，与作于衢州的《大中祥符禅寺》完全一致。

王阳明在东岳庙偶遇了一位叫严星士的旧友，是王阳明在落难武夷山时结识的。严星士和那位神奇的百岁老道士一样擅长阴阳占卜之术，当时应在武夷山中为落难的王阳明占卜过吉凶，所以王阳明诗中首联先忆旧情，颔联讲因为此次西行而重新聚首，颈联相约一起共度上元佳节，也就是元宵节。王阳明由浙入赣的时间是正德三年（1508）的正月，想来遇见严星士的时候已近元宵佳节了。

全诗最重要的是尾联——"行藏无用君平卜，请看沙边鸥鹭群。"这一联用到两个典故，用得既准又妙，尤可见出王阳明的诗才。

一个典故是出句的"君平卜",说的是西汉末年的易学大师严君平。严君平是大儒扬雄的老师,可见学问深厚到何种地步。可他不慕名利,绝意仕进,隐居在川中成都、邛崃等地,以卜筮为业。晚年在郫县平乐山宣讲黄老之学,并于平乐山上写下了"王莽服诛,光武中兴"的预言,提前了二十多年预测出"王莽篡汉"和"光武中兴"两个重要的历史事件,可谓是三国管辂之前最有名的占卜大师。

妙的是严君平也姓严,王阳明此处以"君平卜"作喻,自然是推崇严星士的卜筮之术。但王阳明又说"无用君平卜",这就可以看出他此时心中对于奔赴龙场、一路向黔的从容与笃定。而且"行藏"语出《论语·述而》,所谓"用之则行,舍之则藏",这正体现出他此时面对漫漫前路、艰险仕途,心中已有足够的冷静与超越。

第二个典故是对句的"沙边鸥鹭"。

《列子·黄帝》记载了一个有趣的故事:"海上之人有好沤鸟者,每旦之海上,从沤鸟游。沤鸟之至者百住而不止。其父曰:'吾闻沤鸟皆从汝游,汝取来,吾玩之。'明日之海上,沤鸟舞而不下也。'"

人有了机心、欲求,连鸥鸟都能感受到不善。而若能心境通透、浑然忘机，自然可与天地万物融为一体，获得清澈与圆满。所以陆放翁就有"更喜机心无复在，沙边鸥鹭亦相亲"的千古名联。

王阳明袒露心扉，对曾在武夷山中结识并帮助过他的严星士说"行藏无用君平卜，请看沙边鸥鹭群"，自然是明确谢绝了严星士要为他此次西行向黔再次占卜的好意，既自明了坚定赴谪的心志，又袒露了此去欲求圆满的心态，这毫无疑问是与《大中祥符禅寺》的创作心态一脉相承的，尤其是颔联中"鼓枻"之说同样来自屈原的《渔父》，那个老渔翁面对三闾大夫屈原，正是在"鼓枻而去"中，笑着唱出了"沧浪之水清兮，可以濯吾缨，沧浪之水浊兮，可以濯吾足"的绝世《沧浪歌》。

所以，这首《玉山东岳庙遇旧识严星士》，与《大中祥符禅寺》同为七律，且为前后之作，最能互为参看，彼此印证。

在遇到严星士后，没几天就到元宵节了，上元佳节之夜，广信府知府亲自到信江舟中陪伴王阳明这位被贬谪的诤臣过节。广信，即今上饶市的信州区。这说明，正德三年（1508）的元宵佳节，一路向黔的王阳明是在江西上饶度过的。不知道擅长占卜的严星士有没有在场，又或者在此前即与王阳明另有欢聚，而王阳明在酒后写给这位广信知府的诗却吐露了另一种心声。

《广信元夕蒋太守舟中夜话》诗云：

楼台灯火水西东，箫鼓星桥渡碧空。
何处忽谈尘世外，百年惟此月明中。
客途孤寂浑常事，远地相求见古风。
别后新诗如不惜，衡南今亦有飞鸿。

同样还是一首七律，但与前两首七律不同，在自明心志的潇洒之外，我们还能读出一种萧索与落寞来。

诗题即述事由，既然明确称蒋太守，看来这位广信府知府应该姓蒋。其人已不可考，但这位蒋太守的姓倒不由得让人想起那位铁骨铮铮的南京御史蒋钦来，而王阳明之所以会遭廷杖、下诏狱、落钱塘、困武夷，说起来也都是直接缘于为蒋钦等人鸣不平。

不知道这位蒋太守与不久前慷慨就义的蒋钦是否有关联，即使没有任何关系，在中国的家族社会里，所谓"五百年前是一家"，同姓之间自然有一种别样的同气连枝之感。

王阳明大难之后，于贬谪路上、漂泊舟中，又是上元佳节之夜，面对这位同为知识分子的蒋太守，突然生出"客途孤寂浑常事，远地相求见古风"的感慨来，这反倒更可以见出他活泼泼的人性和最真实的情绪起伏来。

当然，除了与蒋太守的惺惺相惜之外，"百年惟此月明中"的沧桑之叹，大概还包含了一种对此时此地仿佛昔日重来的岁月之感。

当年，年轻的王阳明在南昌新婚后，由赣返浙，就是在这里，在上饶，遇到了影响他一生的人生导师——大儒娄谅。

娄谅的那句"圣人必可学而至"，成为青年王阳明走向"知行合一"之路的重要启蒙。可以说没有娄谅在上饶对青年王阳明的深刻启蒙，就没有后来儒家思想史上心学对理学的终极超越。

所以，此时的王阳明抚今追昔，怎么能不感慨万千？衡阳雁回峰上年年大雁南来北归，我们那些逝去的青春与岁月又如何可以重来？

王阳明在答蒋太守的诗中表现出与面对张维新、严星士时迥然不同的情绪来，这正可以见出他内心深处真实丰富的人性，也可以看出此刻的王阳明虽然坚定了心志，但对于人生的坎坷与充满了未知的前路，并不能真正拥有彻底超越与通透无瑕的心境。

不过，没有关系，人生就是"在路上"！只要走下去，一路向前，一路向黔，就一定会有一处叫"龙场"的地方，等着你，凤凰涅槃！

其实，对于此时的王阳明来说，这条孤独的贬谪龙场之路，也是一条找寻力量之路。若能找到一种支持的力量，孤独的路便不再孤独。这种力量，就叫"同道"。

对于王阳明来说，张维新、严星士、蒋太守都是"同道"；但还有另一种"同道中人"，会给他更大的支撑力量。这种"同道"，叫作"前贤"！

在离开江西之前，王阳明来到了"其气如春，四时咸宜"的宜春。

宜春有座著名的宜春台，始建于汉武帝元光六年（前129），宜春台上有座韩文公祠，这不免让王阳明生出巨大的感慨来，他一口气连作四首绝句，这组诗题目就叫《袁州府宜春台四绝》。其一诗云：

> 宜春台上还春望，山水南来眼未尝。
> 却笑韩公亦多事，更从南浦羡滕王。

韩愈斥佛老，主张"文以载道"，并勇为天下师，向来被认为是儒家正宗。身为儒生的王阳明在宜春台上却调侃起韩文公来，他说韩愈虽然一代文宗，但在宜春这个好地方搞什么祈雨，岂非多此一举？

原来，韩愈当年因一篇《谏迎佛骨表》而被远贬潮州，第二年又被量移袁州，也就是宜春。宜春这个地方素有"江上粮仓"之称，本来就是鱼米之乡，况且祈雨之事多有民俗荒诞不经的内涵，身为儒家大知识分子的韩愈怎么也会去相信这种事呢？

可见，此时的王阳明毕竟还是年轻，就像当年韩愈的一个大宋朝粉丝苏东坡一样，年轻时也以为此类祈雨皆荒诞不经之事，等到中年以后，尤其是主政一方之后，竟也热衷于祈雨，并写下经典的祈雨文来。

王阳明也是如此，等到他心学大成，平乱安民，主政江西、广西等地时，对于为民祭祀、祈雨等事，他也是操持得不亦乐乎。不知回望宜春台上对韩文公的调侃，晚年的王阳明又作何想呢?

当然,些许调侃也能见出王阳明这位落难儒生对韩愈这位七百年前的儒家文宗有着一种特殊的亲切之意,而且,韩愈毕竟只是文宗,王阳明虽然自幼表现出极强的诗文创作天赋,可他的理想却并不在辞章与文学上,他的理想是儒家的圣人,所以当面对思想家的先贤时,他的姿态就立刻不同了。

就在要离赣入湘之际,因为一个人,王阳明的以前贤为"同道"之心立刻炽热起来。这个人就是被后世称为理学鼻祖的濂溪先生周敦颐。

在离开江西之前,王阳明写下了一首经典的七律——《萍乡道中谒濂溪祠》。诗云:

> 木偶相沿恐未真,清辉亦复凛衣巾。
> 簿书曾屑乘田吏,俎豆犹存畏垒民。
> 碧水苍山俱过化,光风霁月自传神。
> 千年私淑心丧后,下拜春祠荐渚蘋。

周敦颐是湖南道县人,他不仅是理学鼻祖,也被湖南知识分子奉为湘学鼻祖。清末湘学大盛之际,湖南知识分子最喜欢说的一副对联就是——"吾道南来,原是濂溪一脉;大江东去,无非湘水余波。"

而周敦颐被称为濂溪先生,则体现了他与江西的独特缘分。周敦颐年轻时刚刚踏入仕途,首先任洪州分宁(今九江市修水县)主簿,后调任袁州萍乡芦溪镇(今萍乡市芦溪县)"摄市征局",后又任南安军司理参军(军治在今赣州市大余县),后又通判虔州(今赣州市),最终致仕于知南康军(军治在今庐山市)。所以除了曾知郴州与任广东转运判官外,周敦颐的主要仕途经历基本都在江西,而且他著名的《爱莲说》《太极图说》《通书》等代表作,以及他的主要哲学主张,也都是在江西写就与提出的。周敦颐晚年移居江西庐山莲花峰下,峰前有溪,因取旧居濂溪以为水名,并自以为号,世称濂溪先生。所以宋明以来,江西各地纪念濂溪之风尤盛。

周敦颐24岁曾调任袁州萍乡"摄市征局",这是一个基层的税务官员,官职不高,年轻的周敦颐却依然能兢兢业业,在最平凡的岗位上为百姓谋福祉。所以据方志记载,今萍乡芦溪县曾世代建有濂溪祠。

王阳明应该就是在芦溪濂溪祠里见到了这位儒学宗

师、理学鼻祖的塑像。虽是木质塑像,且年久失真,但在这个对濂溪先生充满了敬仰之情的后世儒生的眼中,哪怕只是衣巾饰纹,也能令其想见濂溪先生的凛然风采——当年在萍乡任上,濂溪先生不以官小而不为,只以教化为旨归,这就是高风亮节,这就是光风霁月,这就是后来的王阳明终将彻悟的"致良知"。

怀着对濂溪先生的敬仰与追慕,作为儒生的王阳明,自然也是"濂溪一脉"的王阳明,终于离赣入湘,来到了湘水岸边。

王阳明在长沙停留了几日。他先是凭吊贾谊、屈原,并写下长篇《吊屈平赋》,对屈原自沉汨罗表现出巨大的同情与共鸣。虽有强烈的共鸣,但王阳明也知道这种"累不见兮涕泗,世愈隘兮孰知我忧"的情绪不可泛滥,未可耽溺,所以他将旅途与感怀的重点放在了——岳麓山。

因为岳麓山上有岳麓书院,而岳麓书院里有两位对于此时以及将来的王阳明来说可谓是至关重要的前贤,所以王阳明一口气写下四首长诗。我们分别节选其中一些诗句,以略窥端倪。

《游岳麓书事》

醴陵西来涉湘水,信宿江城沮风雨。
……
道乡荒趾留突兀,赫曦远望石如鼓。
殿堂释菜礼从宜,下拜朱张息游地。
……

《朱张祠书怀示同游》

客行长沙道,山川郁绸缪。
西探指岳麓,凌晨渡湘流。
……
灵杰三湘会,朱张二月留。
学在濂洛系,文共汉江流。

《陟湘于迈,岳麓是尊。仰止先哲怀友生丽泽,兴感〈伐木〉寄言二首》

其一
……
林壑有余采,昔贤有藏修。

我来实仰止，匪伊事盘游。
……

其二
林间憩白石，好风亦时来。
春阳熙百物，欣然得予怀。
缅思两夫子，此地得徘徊。
……
陟冈采松柏，将以遗所思。
勿采松柏枝，两贤昔所依。
缘峰践台石，将以望所期。
勿践台上石，两贤昔所跻。
两贤去邈矣，我友何相违！
……

哪怕只从文辞字句，我们也不难看出，此时的王阳明对于诗中"两贤"的无限敬仰与推崇之情。

那么被王阳明称为"朱张"的"两贤"究竟是谁？他们与岳麓书院又有怎样的关系呢？

南宋乾道三年（1167），理学大师朱熹自福建崇安抵达长沙岳麓书院，专程访问主教岳麓书院与城南书院的湖湘学派理学大师张栻,就《中庸》之义的"未发"、"已发"及察识持养之序等问题与张栻展开了近两个月的讨论,史称"朱张岳麓会讲"。

张栻,世称"南轩先生",与朱熹、吕祖谦并称"东南三贤"。他在长沙不仅主持天下四大书院之首的岳麓书院,还另创城南书院,四方从学者多达数千人,初步奠定了湖湘学派的规模。张栻师事胡宏,胡宏师事杨时,杨时师事二程,二程师事濂溪,所以说濂溪先生周敦颐是理学鼻祖,从张栻一脉的传承亦可看出。

相比于张栻,朱熹对于王阳明来说,甚至对于心学的诞生与发展来说,就更为重要了。青年时代的王阳明把朱熹当作人生的目标与榜样,正因为朱熹强调格物致知,所以才会有哲学史上著名的"阳明格竹"。对于朱熹的学说,当时的知识分子只是信奉,而王阳明却是用尽生命的全部力量去实践,去印证,去践行。王阳明正是在实践中把朱熹的理学主张作为终极的标准与规范,然后才能真正发现程朱理学的问题,从而最终超越之。

当然,虽经"格竹"的失败而对程朱理学产生了犹豫与怀疑,但未到龙场、未经悟道的王阳明内心深处对朱熹这位人生榜样的崇敬却丝毫未减。

朱熹毕竟是儒家自亚圣孟子之后唯一非孔子亲传弟子而享祀孔庙，位列大成殿十二哲者。对于此刻身处贬谪、一路向黔却还未至龙场的王阳明来说，三百年前发生在这片热土上的朱张岳麓会讲，明显给了他一种特殊的感悟，乃至一种特殊的兴奋与特殊的力量。当龙场悟道、心学诞生之后，王阳明最热衷于书院的讲学，其实或可于此一见端倪。

所以，当一位名叫周金的年轻人慕名来拜访王阳明并向他提出人生的困惑时，王阳明写下《长沙答周生》一诗，其中对周金解惑与启迪的核心居然是——

未当斤石求，滋植务培壅。
愧子勤绻意，何以相规讽？
养心在寡欲，操存舍即纵。
岳麓何森森，遗址自南宋。
江山足游息，贤迹尚堪踵。
何当谢病来，士气多沉勇。

一言以蔽之，王阳明的意思是：年轻人，岳麓山上有朱张的遗迹，有前贤的身影，作为长沙的学子，你只需按前贤的足迹努力前行即可!

王阳明这样教导周金,其实又何尝不是夫子自道,潜意识中,或也如此规劝着自己吧。

所以,在贬谪路上一路向黔与一路向前的王阳明,看上去心志已坚,但在思想获得解放之前,真正的心灵解放或许犹未达成。

接下来,与一个普通人的一次普通的相遇,居然引发了王阳明的叹息。

三、所遇所叹

在遇见那位普通人之前,作为见惯了江水的南方人,王阳明先遇见的是不一样的沅江。

沅江,发源于贵州都匀苗岭山脉斗篷山北麓,称清水江,流经黔南、黔东南,自湖南黔城以下始称沅江。沅江自贵州流入湖南后,成为自湘江之后,湖南第二大河,所以湖南有"三湘"之说,其一便是"沅江"。沅江全长1022公里,最终在常德汉寿县汇入洞庭湖,所以,沅江主要流经贵州与湖南,而王阳明由湘入黔之路,最好的选择就是溯沅江而上。

在古代的中国，水路永远是远行的第一选择。王阳明辞别了长沙的友人，也辞别了留下前贤身影的岳麓书院。他乘船自洞庭湖而入沅水，不承想，刚入沅江，就遭遇奇险。事后，惊魂未定的王阳明用一首长篇叙事诗记录了整个遇险的过程。

《天心湖阻泊既济书事》

挂席下长沙，瞬息百余里。
舟人共扬眉，予独忧其驶。
日暮入沅江，抵石舟果圮。
补敝诘朝发，冲风遂龃龉。
暝泊后江湖，萧条旁罾罜。
月黑波涛惊，蛟鼍互睥睨。
翼午风益厉，狼狈收断氿。
天心数里间，三日但遥指。
甚雨迅雷电，作势殊未已。
溟溟云雾中，四望渺涯涘。
篙桨不得施，丁夫尽嗟噫。
淋漓念同胞，吾宁忍暴使？
馔粥且倾橐，苦甘吾与尔。

众意在必济，粮绝亦均死。
凭陵向高浪，吾亦讵容止。
虎怒安可撄？志同稍足倚。
且令并岸行，试涉湖滨沚。
收舵幸无事，风雨亦浸弛。
逡巡缘沚湄，迤逦就风势。
新涨翼回湍，倏忽逝如矢。
夜入武阳江，渔村稳堪舣。
籴市谋晚炊，且为众人喜。
江醪信漓浊，聊复荡胸滓。
济险在需时，徼幸岂常理？
尔辈勿轻生，偶然非可恃！

从这首叙事诗颇为客观的记录来看，整个沅江遇险过程可谓是跌宕起伏。

首先是出发时的顺风顺水，"瞬息百余里""舟人共扬眉"，是何等的意气风发！可众人皆醉中有一个人却是清醒的，所谓过犹不及，所谓乐极生悲，王阳明有一种不好的预感，其实，这本质上也是一种对事物发展规律的掌握与预判。

果然，船一入沅江，就横生了波澜。先是船不小心触了礁石,然后是月黑风高,雷电交加,风雨大至,更有甚者,还有遭遇水蟒与鳄鱼的危险。

在舟人与丁夫极度气馁之际,又逢物损粮绝的窘境,此时的王阳明展现了他后来一生征战屡屡体现出的卓越的领导力、组织力与行动力。

他先是表现出突出的共情能力。作为朝廷官员与士大夫阶层,他并没有对这些底层的舟人、丁夫斥以简单粗暴的指责或埋怨,而是"淋漓念同胞,吾宁忍暴使?馔粥且倾橐,苦甘吾与尔"。这样,船上这支临时组成的小团队也在险情中获得了一种凝聚力。所谓"虎怒安可撄?志同稍足倚",于是,在王阳明的指挥下,沅江上的这叶孤舟一步步脱离险境,重迎生机。事后,作为组织者与领导者,王阳明还不忘总结此次遇险的经验和教训——

"济险在需时,微幸岂常理?尔辈勿轻生,偶然非可恃!"

不要心存侥幸!但在困境与险境中,也永远不要放弃希望!

沅江的这次遇险,给了王阳明对于这片山水不一样的

认识。所谓痛定思痛,所谓风雨过后自有晴空,数日后的傍晚,当舟行到桃源,王阳明信笔写下《晚泊沅江》。诗云:

古洞何年隐七仙,仙踪欲叩竟茫然。
惟余洞口桃花树,笑倚东风自岁年。

桃源,因陶渊明的《桃花源记》与《桃花源诗》而得名。五柳先生的时代,仙踪便已茫然,何况到了大明!一句"惟余洞口桃花树,笑倚东风自岁年",足见王阳明此刻通透、恬静的心态。

可是,不经沅江险,何来桃源静?人总是要在经历坎坷、磨折之后,才得真正的理解与升华,这大概也是人生版知行合一的力证。

桃源向有"湘黔孔道"之称,过了桃源,王阳明溯沅江一路向西南而行,有时也舍舟登岸。两岸山势愈发险峻且连绵不尽,王阳明只得放慢行程。湘西山中的偶遇,其实只是一场普通的相遇,却让即将入黔的王阳明有了不尽的浩叹。

说起来只不过是人间最常见、最普通的悲哀,王阳明却一口气写下了五首悲叹诗作。这组诗的题目叫《去妇叹五首·并序》。

诗前的小序云：

> 楚人有问于新娶而去其妇者。其妇无所归，去之山间独居，怀绻不忘，终无他适。予闻其事而悲之，为作《去妇叹》。

这组名曰《去妇叹》的组诗，五首诗全是五古创作。五言古诗这种诗体，自汉乐府而来，魏晋时大放光彩，从建安七子，到竹林七贤，到陶渊明，他们的主体创作形式都是五古。等到隋唐格律诗大成并一统诗坛之际，唐诗复古革新运动的旗帜陈子昂提倡"兴寄"，标举"汉魏风骨"，所用的主体创作形式也是五古。所以，可以说几乎没有比五古诗体更能鲜明地表现"兴寄"，更直接地袒露情绪的创作形式了。

勇斗宦官、历经诏狱、九死一生、一路向黔、心志已决的王阳明，面对山中一个被抛弃的"去妇"，一口气写下五首沉痛哀婉，甚至是"泪下不可挥""仓卒徒悲酸"的《去妇叹》。不难看出，这位凤凰涅槃前的儒家知识分子，完全是在——借他人之酒杯，浇心中之块垒！

当然，作为有良知的知识分子，面对山中"去妇"的悲惨命运，自然会有悲悯之情，但毋庸讳言，自三闾大夫屈原开始，中国的士大夫阶层，就有了鲜明的"臣妾"心理。

有人认为，古代文人的"臣妾"心理大多只是一种"文本性存在"，即像屈原在《离骚》中的抒写那样，后世文人只是在文学创作中放大了这种心理现象。其实不然，中国的诗词文学有所谓"言志""缘情"的出发与归宿，在士大夫阶层"修齐治平"的使命意识中，皇权其实是家国天下的代言，所以"致君尧舜上"不仅是诗圣杜甫的理想，也更是身为左拾遗与工部员外郎的朝廷命官杜甫的理想。

王阳明并不以辞章文学为此生追求，他的终极追求甚至要远远超越"致君尧舜上"，可是面对"去妇"之叹，他的感慨尤深，悲叹尤重。《去妇叹》甚至是他赴黔的贬谪路上数量最多的一组组诗，这也说明此时的王阳明虽然心志已坚，可在内心深处，还是有不甘，有愤怒，有遗憾。

贬谪可以远行天地，可生命真正的囚笼，永远在内心深处。不能完成与灵魂深处的自我和解，就不能有真正的超越与破茧成蝶。

王阳明在叹息声中辞别"去妇",来到怀化的辰溪。辰溪有座驿站,叫"沅水驿"。过了沅水驿,就要彻底离开湘楚大地,踏上一路向黔的终极目标——贵州。而王阳明被贬去贵州,也是要去做龙场驿站的一个驿丞,所以,满怀感慨的王阳明写下了七律《沅水驿》。诗云:

辰阳南望接沅州,碧树林中古驿楼。
远客日怜风土异,空山惟见瘴云浮。
耶溪有信从谁问,楚水无情只自流。
却幸此身如野鹤,人间随地可淹留。

楚水是眼前马上就要告别的湘楚山水,而耶溪则是早已远远抛在身后的故乡的若耶溪。游子难免思乡,更何况前面"惟见瘴云浮",毕竟"风土异"的前路与黔路,一定还充满了未知的风险与坎坷。就让这位远乡的游子再徘徊一刻,再柔软一刻吧!踏过沅水驿,踏上黔路,一个崭新的王阳明,一个影响了华夏文明史的阳明先生,即将诞生!

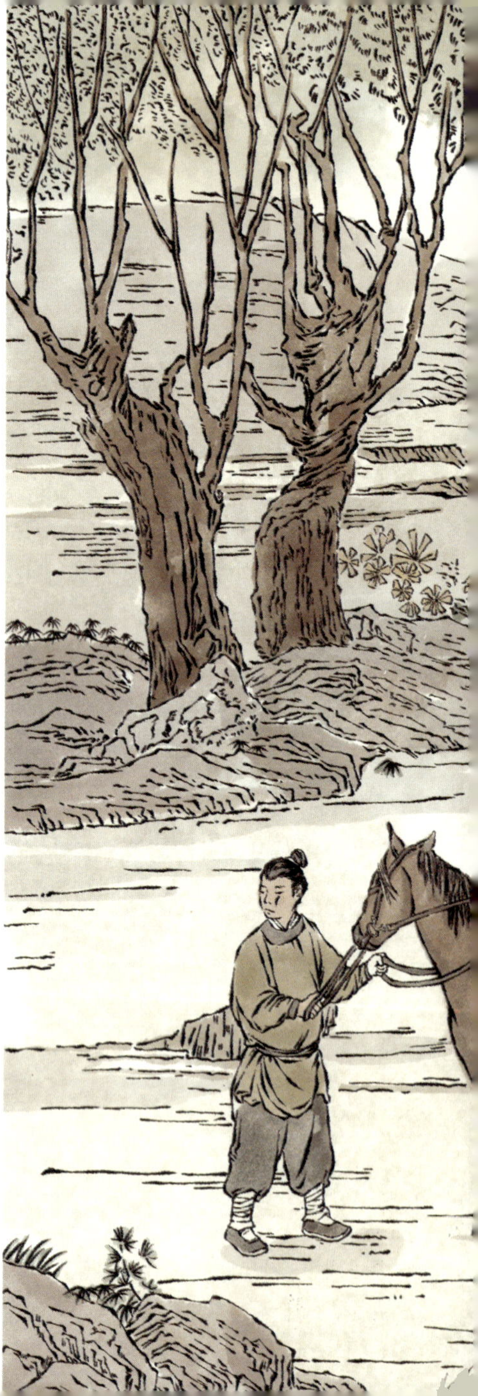

第三章
此境奇绝

《七盘》

鸟道萦纡下七盘,古藤苍木峡声寒。
境多奇绝非吾土,时可淹留是谪官。
犹记边峰传羽檄,近闻苗俗化衣冠。
投簪实有居夷志,垂白难承菽水欢。

人生无常,一定会有困境,乃至绝境。

但若能在困境、绝境中生出"此境奇绝"的感慨,那么,即便是绝境也会生出一丝欣欣向荣的生机来。

如果,你还能彻底放下困惑,全身心融入此绝境中,与之共振,与之共生,那么,越是绝境,越能反哺人生的一种崭新的境界!

一、行路难

敢问路在何方？

对于这个问题，几乎所有心志坚定的人都会回答——路，在脚下！

可是有时候，有些路，艰难得实在出乎意料，让人难以想象。如果不曾亲自去跋涉过，所谓的"路在脚下"也只不过是一句空话。

当王阳明从浙江老家出发，由浙入赣，由赣入湘之时，就早已对这趟贬谪之途的"行路难"有了心理上的准备。甚至可以说，是从南京城中与父亲达成共识之时，甚至是在武夷山中写下《泛海》的时候，对即将到来的"行路难"，王阳明就已经做好了准备。

于是，他这一路确实在不停地感慨——

行路难！

由浙入赣后，他作有《夜宿宣风馆》，诗云：

山石崎岖古辙痕，沙溪马渡水犹浑。
夕阳归鸟投深麓，烟火行人望远村。

> 天际浮云生白发，林间孤月坐黄昏。
> 越南冀北俱千里，正恐春愁入夜魂。

宣风馆，即宣风驿馆，在今江西萍乡市芦溪县宣风镇，王阳明就是在这里写下了对理学鼻祖、濂溪先生周敦颐的追慕与敬仰。

可是一转身，他依然要慨叹"山石崎岖古辙痕，沙溪马渡水犹浑"——这样崎岖的山路上，已是少有行人，斑斑辙痕，已不知是多久前的古人所留！沙溪马渡之后，犹然浑浊不堪。这样的行路，如何不难？所以，他才离故乡，已思乡情深，故而，无边春愁，随夜入魂。

当然，萍乡的山路是不是真的那么难走，我们其实是有足够的理由去怀疑王阳明此时的抱怨的，因为当情绪稍有转变，他的行路又迅速变得不仅不难，反而还有趣起来。

他的七律《宿萍乡武云观》诗云：

> 晓行山径树高低，雨后春泥没马蹄。
> 翠色绝云开远嶂，寒声隔竹隐晴溪。

> 已闻南去艰舟楫，漫忆东归沮杖藜。
> 夜宿仙家见明月，清光还似鉴湖西。

这可是自晓至暮的行程，整整走了一天，对于贬谪路上的王阳明来说，光是一整日的疲惫，大概就够让他慨叹一阵"行路难"的了。

可是并没有，因为他兴致很高，所以崎岖的山路在他眼中是"晓行山径树高低"，而路上的泥泞，也变成了"雨后春泥没马蹄"的野趣。抬眼望去，"翠色绝云开远嶂"，这是何等的赏心悦目；马上细听，"寒声隔竹隐晴溪"，这又是何等的生动而静谧。虽然还是难免有乡思之情，但耳目一新处，真是人生别样坦途！

由赣入湘，虽然岳麓山上有朱张前贤的身影、遗迹在等着他，但王阳明对湖南的山路依然如前，时不时要发出"行路难"的抱怨。他在湖南醴陵作有七律《醴陵道中风雨夜宿泗州寺次韵》。诗云：

> 风雨偏从险道尝，深泥没马陷车箱。
> 虚传鸟路通巴蜀，岂必羊肠在太行！

> 远渡渐看连暝色,晚霞会喜见朝阳。
> 水南昏黑投僧寺,还理羲编坐夜长。

起篇可谓是在哀叹——谁说"蜀道之难,难于上青天"?谁说"太行之路能摧车"?这湖南的山路崎岖,没马陷车,可真是一点也不逊于蜀道与太行啊!

可他一边感慨着"湘道难",一边又写下《南游三首》寄给远在京城的好友湛若水,说自己"南游何迢迢,苍山亦南驰",一派云游仙人的风范。诗中,他调侃湛若水——以前,我们约好了一起来共游湘楚山水,现在我就在这儿呢,你来不来?我们甚至可以想见五百年前诗人落笔时调皮、狡黠的微表情。

所以,"行路难"对于此刻"在路上"的王阳明,尤其是在贬谪路上的王阳明来说,其本质只是一种"诗意的呻吟"而已。

况且到了十六世纪的大明王朝,长江中下游地区早已成为整个王朝的经济中心与农业中心,而地处长江中下游的湘赣之地,江河密布,水路纵横,更是南来北往、西去东还的必经之地。从中原到岭南,从东南到西南,在湘赣沿途，自唐代以来，尤其是明初以来，就设有大量驿站，所以，考寻历史真实，我们完全不必把王阳明在湘赣之间"行路难"的悲叹当真。

即便是王阳明自己，也早就表明了这种心迹，他在刚刚离开故乡，才踏上一路向黔的贬谪之途不久，在还没有离开浙江、进入江西之前，就写过一组《杂诗》，这组杂诗共有三首，开篇都是从"行路难"的预想说起。

《杂诗三首》

其一
危栈断我前，猛虎尾我后。
倒崖落我左，绝壑临我右。
我足复荆榛，雨雪更纷骤。
邈然思古人，无闷聊自有。
……

其二
青山清我目，流水静我耳。

琴瑟在我御，经书满我几。
措足践坦道，悦心有妙理。
……

其三
羊肠亦坦道，太虚何阴晴！
灯窗玩古易，欣然获我情。
……

王阳明虽然非常擅长和诗圣杜甫一样的格律诗创作，但在诗歌创作的才情上，他可能更接近于诗仙李白。"危栈断我前，猛虎尾我后。倒崖落我左，绝壑临我右。我足复荆榛，雨雪更纷骤。"这种对于"行路难"的夸张描写，可以说丝毫不逊于写下《蜀道难》与《行路难》的青莲居士李太白。

可是，他转头就轻描淡写地说："青山清我目，流水静我耳……措足践坦道，悦心有妙理。"路，在有的人脚下是险道畏途，但在我王阳明足下，再险再难再逼仄，也是坦途，也是大道！

正是因为有这份自信，他才敢说："羊肠亦坦道，太虚何阴晴！"

王阳明的这份自信，在刚刚踏上一路向黔的贬谪之途时，就是如此。然后在历经跋涉终于踏入黔境之时，也还是如此。所以，他在离开湖南、进入贵州平溪卫后，依然保持着惯有的心境，一路西行的同时，还寻幽访奇。

在平溪卫，有一处钟鼓洞吸引了他，于是他写下了七律《钟鼓洞》。诗云：

见说水南多异迹，岩头时有鼓钟声。
空遗石壁千年在，未信金砂九转成。
远地星辰瞻北极，春山明月坐更深。
年来夷险还忘却，始信羊肠路亦平。

一句"年来夷险还忘却，始信羊肠路亦平"，与"羊肠亦坦道，太虚何阴晴"，是何等的前后呼应、一脉相承！

然而，接下来让王阳明大跌眼镜的是，当他亲身经历后，才发现接下来的"黔路难"，居然与"湘路难""赣路难"，乃至与此前所有的"行路难"，都大不相同。

二、黔道难

进入贵州,首先让王阳明印象极其深刻的是"山城"。

比如他在进入贵州的第一卫平溪卫时,写有七律《平溪馆次王文济韵》。诗云:

山城寥落闭黄昏,灯火人家隔水村。
清世独便吾职易,穷途还赖此心存。
蛮烟瘴雾承相往,翠壁丹崖好共论。
畎亩投闲终有日,小臣何以答君恩?

与"山城"相匹配的是"翠壁丹崖",是"蛮烟瘴雾",这种景象与前此所见已大不相同,所以王阳明难免生出"穷途"之感。

如果说这种"穷途"之感与跋涉于湘赣之际的"行路难"之叹本质上并没有什么太大的不同,那么待王阳明走到第二卫,即兴隆卫的时候,他的"山城"之叹、"黔路"之感,则开始有了一种纯客观的审美内涵。

王阳明开始惊叹于世间居然还有这样一种别样的"黔路"与"山城"了,于是,他诗兴大发,索性就在"黔路"

边的石壁上即兴抒怀，写下了当时就广为传颂的名作——七律《兴隆卫书壁》。诗云：

> 山城高下见楼台，野戍参差暮角催。
> 贵竹路从峰顶入，夜郎人自日边来。
> 莺花夹道惊春老，雉堞连云向晚开。
> 尺素屡题还屡掷，衡南那有雁飞回。

想来，当时的王阳明一定是在努力地仰着头看那高耸入云的"山城"与那几乎是直上直下的"黔路"了。

一句"贵竹路从峰顶入"，读诗人会觉得好像诗人是在夸张，而诗人自己的内心却在惊呼——世间，真的有如此的"天路"啊！要不然，远远望去，那出城的人怎么会仿佛是从日边而来？一句"夜郎人自日边来"，与自峰顶而下的"天路"，构成了一幅自上而下铺展开的让人除了惊叹还是惊叹的异域风情图卷，所以这一联在当时即为人所传颂。

诗人依旧沉醉在这样的美景中难以自拔，他说"莺花夹道惊春老"，这是化用了诗圣杜甫的名句——"莺花随世界，楼阁倚山巅。"可老杜只是说春日里在高楼上俯瞰大地上的莺花世界，而王阳明却说，那路旁的莺花仿佛随着这"天路"倾泻而下，把暮春的时节也"惊"出了别样的灿烂！所以，顺着那"莺花夹道"望向尽头，高耸的城墙墙垛与厚重的外墙，更是像长在了云朵与晚霞中一样。

到此，王阳明的心中大概也有一声"噫吁嚱，危乎高哉"的感叹。作为一个远离故乡又贬谪至此的游子，他最后的感慨，看上去倒是一种切乎实际的担忧——"尺素屡题还屡掷，衡南那有雁飞回。"家书每每写几句就无奈地放下，因为面对这么高的山城，这么险的黔路，连传书的鸿雁，估计也不肯来此吧！

可见，黔道之难，难于上青天！在王阳明这里，已经不再是此前"行路难"式的"诗意的呻吟"，而是面对现实，也基于现实的一种"客观的惊叹"。

不过，这样险峻又别有滋味的"黔道"，也大大激发了王阳明作为一名"非著名'驴友'"的兴致。就在兴隆卫，当他游览著名的月潭寺时，当时的住持正观法师正在主持重修月潭寺，见王阳明自中原远道而来，又是弘治己未科进士，还是大儒王华之子，便盛情相邀王阳明为重修月潭寺写一篇记文。

王阳明兴致正浓，也不拒绝，欣然命笔。但别人写此类文章，大多都从缘起、人事、文史落笔，他却完完全全从一个"驴友"的视角出发，写成了一篇文采斐然的旅游推介文。

王阳明的《重修月潭寺建公馆记》里开篇第一段就说：

> 兴隆之南有岩曰月潭，壁立千仞，檐垂数百尺。其上濒洞玲珑，浮者若云霞，亘者若虹霓；豁若楼殿门阙，悬若鼓钟编磬；幡幢缨络，若抟风之鹏，翻隼翔鹄，螭魅之纠蟠，猱猊之骇攫；谲奇变幻，不可具状。而其下澄潭邃谷，不测之洞，环秘回伏；乔林秀木，垂荫蔽亏；鸣瀑清溪，停洄引映。天下之山，萃于云贵；连亘万里，际天无极。行旅之往来，日攀缘下上于穷崖绝壑之间，虽雅有泉石之癖者，一入云贵之途，莫不困踣烦厌，非复夙好。而惟至于兹岩之下，则又皆洒然开豁，心洗目醒；虽庸俦俗侣，素不知有山水之游者，亦皆徘徊顾盼，相与延恋而不忍去。则兹岩之胜，盖不言可知矣。

开篇"其上""其下"的描写，可谓描摹万状，精彩纷呈。文章既有司马相如《上林》《子虚》渲染之淋漓，又有郦道元《三峡》生动之神韵。所谓"天下之山，萃于云贵；连亘万里，际天无极"，可谓大开大阖，别具规模。

接下来出人意料的是，王阳明笔锋一转，居然以"导游"的口吻开始强力推介："虽庸俦俗侣，素不知有山水之游者，亦皆徘徊顾盼，相与延恋而不忍去"。

王阳明的意思是，即便世间那些最平凡、最世俗、最缺乏审美情趣的伴侣或朋辈，哪怕他们从来没有山水旅游的爱好，只要他们能看到这片山、这片水、这样大美的自然，我相信他们会立刻爱上这神奇的山水，为之"徘徊顾盼"，为之深深眷恋，而不肯离去吧！

这样的设想，这样的赞叹，估计也只有最资深的"驴友"，或者"旅游形象大使"，才能说出吧！

王阳明陶醉在对贵州山水的审美回味里，他骨子里天生有一种迎难而上的禀性。入黔之前，他浅斟低唱着"行路难"，是因为路也只是平常，诗人的内心需要一种"诗意的呻吟"；而等到真正踏上"黔"路，真正亲身感受到"黔道之难"与跋涉之险，反倒激发了王阳明内心深处一种独特的生机与活力。这种生机与活力，其实并不只是征服欲，而是一种更超乎其上的欲，即与这片奇特的山水大地共振，从而获得生命层次升华的本能意识，尤其是在他目睹了一起突发事件之后，这种冲动就更加强烈了。

王阳明过兴隆卫而入清平卫，在这里他遇到了一起令他完全无法预料的突发事件。过后，他写下了七律《清平卫即事》。诗云：

积雨山途喜乍晴，暖云浮动水花明。
故园日与青春远，敝缊凉思白苎轻。
烟际卉衣窥绝栈，峰头戍角隐孤城。
华夷节制严冠履，漫说殊方列省卿。

"黔道"还是一如既往的绝栈险道，"山城"还是隐于群峰的一叶孤城，可诗题既然叫《清平卫即事》，可见王阳明一定是缘事而发。到底是什么事呢？"华夷节制""漫说殊方"虽隐约提及，却并不分明。王阳明自己事后又在诗中加了一句小注——

"时土苗方仇杀。"

这就要说到为什么"黔道"之上多"山城",且王阳明入黔之后所到每一程的地名中都带一个"卫"字的原因了。

黔地古称夜郎,所以王阳明诗中会说"夜郎人自日边来"。自汉武帝使唐蒙借夜郎兵灭南越国后,贵州才渐渐纳入郡县制管理。两汉魏晋以后,贵州大体属牂牁郡。至隋炀帝大业七年(611),除牂牁郡外,在黔又设立明阳郡。虽然明阳郡之名只在隋唐存续了短暂的时间,但"明阳"与"阳明",两者之于贵州,似乎早已隐含着某种冥冥中的关联。

客观地看,隋唐之前在贵州境内的郡县设置,其象征意义远大于实际意义。历朝历代虽均在此驻军,却并没有对相关地区形成有效的管理,实际控制权仍然在土著部落手中,朝廷有时候甚至要面对来自这些少数民族的军事威胁。从某种意义上说,这一时期在贵州地区的郡县设置只是一种地理符号。

宋代朝廷敕书中始出现"贵州"之名,元代则遍行土司制度。宋元之后,明太祖朱元璋下决心解决西南问题,洪武年间,自东南江淮共迁二十万军户至贵州军屯,这是明初历史上,也是贵州历史上最大规模的一次移民。永乐十一年（1413），明王朝设置贵州承宣布政使司，正式建制为省，并以贵州为省名。

因为军屯是明王朝开发贵州的主要形式，而明朝实行的军事制度又是卫所制，所以当时贵州的行政区划俱以卫所之"卫"来划分、命名。永乐十一年贵州建省时即有二十四卫之多。

因为本质上是半军事化的管理，所以当地少数民族部落与军屯卫所间的矛盾也常常被放大，被激化。

明末郭子章的《黔记》记载说："贵阳而东者，苗为伙，而铜苗九股为悍，其次曰仡佬，曰佯僙，曰八番子，曰土人，曰峒人，曰蛮人，曰冉家蛮，曰杨保……贵阳而西者，罗罗为伙，而黑罗为悍，其次曰宋家，蔡家，曰龙家，曰僰人，曰白罗……有屯峒而无城郭，有头目而无君长……专事斗杀，不知仁义……语言不通，风俗各别。"

这当然是从中原王朝的视角戴着有色眼镜去看当地的土著部落，但在当时的历史环境下，像王阳明所记的"土苗仇杀"之事，其实是司空见惯的。卫所军屯筑城建堡，往往要借山形地势据险而守，再加上贵州几无平原，所谓"地无三尺平"者，所以王阳明入黔之后，所见黔路皆"天路",所望坚城皆"山城"。

虽然"土苗仇杀"之事在贵州司空见惯,但初次目睹的王阳明,内心还是产生了不小的触动与震撼。他是一个儒家知识分子,是一个立志要做圣人的儒家知识分子,所谓"为生民立命,为万世开太平",本来就是他的志向所在。即便自己也身处贬谪穷荒的困境,但既然来此绝境,见此生民之难,自己怎么能无所作为呢?

他的内心开始萌生一种特殊的冲动,要与这片看似绝境的大地融为一体的冲动,所以他在过清平卫(今凯里)到平越卫(今福泉)后,即写下著名的《七盘》诗。诗云:

> 鸟道萦纡下七盘,古藤苍木峡声寒。
> 境多奇绝非吾土,时可淹留是谪官。
> 犹记边峰传羽檄,近闻苗俗化衣冠。
> 投簪实有居夷志,垂白难承菽水欢。

李太白在《蜀道难》中说"西当太白有鸟道,可以横绝峨眉巅。地崩山摧壮士死,然后天梯石栈相钩连",王阳明借用"鸟道"一词,便写尽七盘萦纡之险。虽然黔道之难更甚于蜀道,但此时王阳明的心思已不在初见

"黔道难"的惊叹上。他说此境奇绝,而自己终将淹留,索性立下"居夷志",要在这片神奇的大地上成就不一样的人生,成就一个知识分子"为天地立心,为生民立命"的宏愿。

所谓"志立而境生",有时,只有精神与信仰上的担当,才会激发一段生命的无穷潜能!

王阳明是在正德三年(1508)的三月进入贵州的,一月之间,他先是经平溪卫(今玉屏)到镇远,可惜的是,他在镇远并没有留下什么诗文作品,我们也就无从得知他入黔时在镇远的心境。不过,等到三载居夷志实现之后,当王阳明离开贵州这片神奇的土地时,镇远这个古朴的小镇,将成为心学在贵州大地上生根发芽乃至日增月盛的重要见证。

王阳明由镇远到兴隆卫(今黄平),再到清平卫(今凯里),再到平越卫(今福泉),再到新添卫(今贵定),最后经过龙里卫(今贵阳市东面的龙里县),终于来到那个一直在等待他到来的地方——

龙场!

三、龙场驿

龙场!

这个名字很大气。

而且作为龙场驿,它的来历,也颇为不凡。

它的创立和明初的一位彝族女政治家息息相关。这位中国历史上极为少见的彝族女政治家,就是奢香夫人。

奢香夫人本是四川永宁人,后来嫁给了彝族土司、贵州宣慰使陇赞·蔼翠,婚后常辅佐丈夫处理政事。洪武十四年(1381),蔼翠病逝,因儿子年幼,年仅23岁的奢香承担起重任,摄理了贵州宣慰使一职。

洪武十七年(1384),贵州都指挥马烨出于民族偏见,视奢香为"鬼方蛮女"。马烨本人贪婪残暴,且阴险狡诈,他试图通过羞辱奢香的方式激怒彝人,以启兵衅,以成军功。

马烨以强征赋税为由,借机将奢香抓到贵阳,指令壮士扒掉奢香的衣服,鞭笞奢香的背部,企图挑起彝族兵衅。奢香属下四十八部头人,早已恨透马烨,得知奢香受辱,更加愤怒,即带领兵丁聚集,战事一触即发。

奢香深明大义,向属下反复表明不愿造反的初衷,并当众揭露了马烨逼反的用心，从而避免了一场殃及贵州各族人民的战祸。

同年，奢香经贵州宣慰副使宋钦之妻刘淑贞的引荐，走诉京师，向朱元璋面陈马烨逼反的真相。朱元璋欲除马烨，便问奢香"以何报答"，奢香回禀，"愿令子孙世世不敢生事"，并表示"愿意刊山凿险、开置驿道"。

朱元璋闻言大喜，封奢香为"顺德夫人"，赏赐金银和丝织品等物，并将马烨召回京师治罪。

奢香回到贵州后，即亲率各部落开置以偏桥（今施秉）为中心的两条驿道。一条向西，经贵阳，过乌撒，达乌蒙（今云南昭通）；一条向北，经草塘（今瓮安）到容山（今湄潭）。又置龙场、陆广、谷里、水西、奢香、金鸡、阁鸦、归化、毕节九个驿站于贵州境内。这就是著名的龙场九驿。

龙场九驿间的驿道纵横贵州，打开了至川、滇、湘的通道，促进了各民族的交往，推动了社会经济文化的发展，稳定了西南的政治局面，完全确定了贵州与明王朝的臣属关系。明太祖朱元璋甚至高兴地说："奢香归附，胜得十万雄兵。"

如此辉煌的龙场驿历史，况且就是本朝的历史，饱读经史的王阳明当然熟知。然而当他历经千里跋涉，历经黔路之难，终于来到龙场驿时，不禁目瞪口呆。

整个龙场驿只能用两个词来形容——

荒凉，破败！

而且是荒凉、破败到连他这个龙场驿丞也根本无法落脚的地步。

时间与岁月拥有凋敝乃至毁灭一切的伟力，只有熵增才是这个宇宙最本质的真相。曾经辉煌一时、作为龙场九驿之首的龙场驿，在贵州的深山里，早已名存实亡。

驿站不仅已全无驿舍，连马厩等最重要的设施也早已倾毁颓圮，只剩残垣断壁。

看到这样的龙场驿，王阳明和他的僮仆不禁面面相觑，不知如何是好。

附近的苗民与彝民发现新来了几个汉人，彼此用王阳明根本听不懂的言语吱喝着，神色里透着警惕与凶悍，让王阳明不禁想起在平溪卫所目睹的土苗仇杀事件。

除了倾颓的驿站、不友好的土苗，钱德洪《阳明先生年谱》里说："龙场在贵州西北万山丛棘中，蛇虺魍魉，蛊毒瘴疠。与居夷人鴃舌难语，可通语者，皆中土亡命。"

王阳明不禁仰天一声长叹，没想到等待他的竟是这样一个龙场！

所谓"既来之，则安之"。说起来容易，可是该如何安呢？

没办法，王阳明只得与两个僮仆亲自动手，勉强搭起了一个草屋。可两个僮仆也从未有过搭建房屋的经历，更不用说身为一介书生的王阳明了。所以他们所搭建的，连草屋、草房都算不上，只能勉强算是草棚、草庵。

王阳明有《初至龙场无所止结草庵居之》一诗为证。诗云：

草庵不及肩，旅倦体方适。
开棘自成篱，土阶漫无级。
迎风亦萧疏，漏雨易补缉。
灵濑响朝湍，深林凝暮色。
群僚环聚讯，语庞意颇质。
鹿豕且同游，兹类犹人属。
污樽映瓦豆，尽醉不知夕。
缅怀黄唐化，略称茅茨迹。

这草庵尚不及肩，萧疏、简陋到连遮蔽风雨都难，四周还有土著"群僚环聚"，既言语不通，又充满了敌意。除此之外，还有麋鹿、野猪和与人类混处的动物们。这种原生态，让借酒消愁的读书人王阳明时时恍惚，不知不觉像回到了原始时代。

王阳明身处这样的龙场，忽然又有了当年的狱中之感。

不过，人生又何处不是囚笼呢？关键要看你在人生的"牢狱"中，怎么做，做什么！

对此，王阳明应该能算得上是特别有经验了。他在锦衣卫的诏狱之中，在经受廷杖之刑后，在奄奄一息的生死之境里，之所以能够熬过来，并最终超越之，都是因为——

易！

《易经》，是群经之首。

易学，可以说是中国文化的一个极为重要的源头。

究其本质，易学是研究宇宙深层规律以及万事万物相互联系的一个哲学体系。其实自春秋以来，中国学术便总于易学一体。易学前后相因，递变发展，方有诸子百家之学兴起。自孔子赞易而作《易传》，《周易》被儒家奉为儒门圣典，遂成六经之首。

作为儒家知识分子且贯通儒、释、道三教的王阳明，对《易经》当然是无比熟悉的，但熟悉与了解对于易学而言只是外围，推演与琢磨才是易学入门的究竟。王阳明当年在诏狱中，正是因为能"瞑坐玩羲《易》，洗心见微奥"，方才忘却生死，并最终超越生死。

如今，"荒、野"之龙场一如牢狱，王阳明一筹莫展之际只得故技重施——运筹，演"易"！

而且，他还找到了一个"得天独厚"之地——

玩易窝。

"玩易窝"这个名字很生活化，甚至很温暖，很俏皮，但其实玩易窝只是驿站旁小孤山山脚下一个极其逼仄的小山洞。

山洞不仅小，而且特别潮湿。贵州本就多雨而潮湿，所谓"天无三日晴，地无三尺平"，天气晴朗时，洞里还会滴水，一旦下雨，雨水就会直接流进山洞里。

就是这样一个逼仄、阴潮的小山洞，王阳明为它取名"玩易窝"，并写下了著名的《玩易窝记》。文章开篇云：

阳明子之居夷也，穴山麓之窝而读《易》其间。始其未得也，仰而思焉，俯而疑焉，函六合，入

> 无微，茫乎其无所指，予乎其若株。其或得之也，沛兮其若决，瞭兮其若彻，菹淤出焉，精华入焉。若有相者而莫知其所以然。其得而玩之也，优然其休焉，充然其喜焉，油然其春生焉。精粗一，外内翕，视险若夷，而不知其夷之为厄也。于是阳明子抚几而叹曰："嗟乎！此古之君子所以甘囚奴忘拘幽，而不知其老之将至也夫！吾知所以终吾身矣。"名其窝曰"玩易"。

当年王阳明在锦衣卫诏狱中"拘而演周易"所作诗曰《读易》，如今在龙场则已是"玩易"。《玩易窝记》也说读易"始其未得"，到了"其或得之"的境界，才能称之为"玩易"。

那么，从"读易"到"玩易"，区别何在呢？

当年王阳明在诏狱中"读易"是为了获得一种面对生死甚至是超越生死的力量，所以他在《读易》诗中说：

> 《遁》四获我心，《蛊》上庸自保。
> 俯仰天地间，触目俱浩浩。

这就像七百年前的文天祥在元大都的地牢中写下不朽名篇《正气歌》一样。面对死囚牢中致命的"水气、土气、日气、火气、米气、人气、秽气"，文天祥说："彼气有七，吾气有一，以一敌七，吾何患焉！况浩然者，乃天地之正气也，作正气歌一首。"

七百年前的文天祥和五百年前的王阳明一样，身处绝境，俱以浩然正气，以敌之，以抗之，以超越之。

可是如今玩易窝中的王阳明，他的"玩易"，不再是"敌"，不再是"抗"，而是一种"乐"，一种"忘"！

有一种至乐与忘忧，叫作——全身心地思索并探求生命的本质与宇宙的本源。

生命是宇宙中最伟大的奇迹，而人类则是万物之灵长，那么，应该只有人类能够经由自身与万物一窥宇宙的真相与奥秘。这个逆向推演的过程，不论内容如何，也不论结果如何，其对一个人精神世界的吸引与反馈，甚至会在某些特定的时刻产生一种从灵魂到肉体的共振，从而使人获得一种全身心的愉悦，没有践行过的人则很难体验其中的自我解放与终极的快乐。

所以人世间那些伟大的哲学家、科学家，像孔孟老庄，像柏拉图、第欧根尼、康德与尼采，像牛顿、列文虎克、玻尔与爱因斯坦,他们的孤独里都隐藏着无比巨大的丰富与快乐。这种丰富与快乐,就来自于对生命本质与宇宙本源的全身心的探求与思索。

此刻在万山丛棘中那个阴暗潮湿的小山洞里的王阳明,和人类所有伟大的先哲一样,借由对易学的探求感悟到很多独属于生命内在的奥秘,所以他说:

> 神,故知周万物而无方;化,故范围天地而无迹。无方,则象辞基焉;无迹,则变占生焉。是故君子洗心而退藏于密,斋戒以神明其德也。

这是对外在困厄的忘却,更是一种对外在执着的放下,回到内心深处而终至心外无物,王阳明的心学思想已在悄悄萌芽!

可是王阳明毕竟只是血肉之躯,玩易窝中的至乐也不能祛除致病的湿气与霉气,况且整个龙场,整个贵州,当时僻处边荒,最大的生存问题就是湿毒之气甚重,所谓"蛊毒瘴疠"是也。

据学者考证,辣椒自明代方由海上丝绸之路传入中国，一开始只是作为观赏植物。最早吃辣椒的中国人，就是贵州人。因为缺盐，更因为要祛除湿毒之气。

王阳明一路西行，贬谪路长，虽然行路艰难，有跋涉之苦，但行走本身却使得气血活泛，有利于健康，尤其是入黔之后，独特的黔路史激发了他"此境奇绝""居夷有志"的昂扬之心，所以一路行来，倒别无病患。

如今到了龙场，既少了每日长途的行走，空气中又多瘴疠之气，加之在潮湿的玩易窝中不觉染了湿毒之气，所以才到龙场没多久的王阳明，一下子就病倒了。

而且，还病得很重。

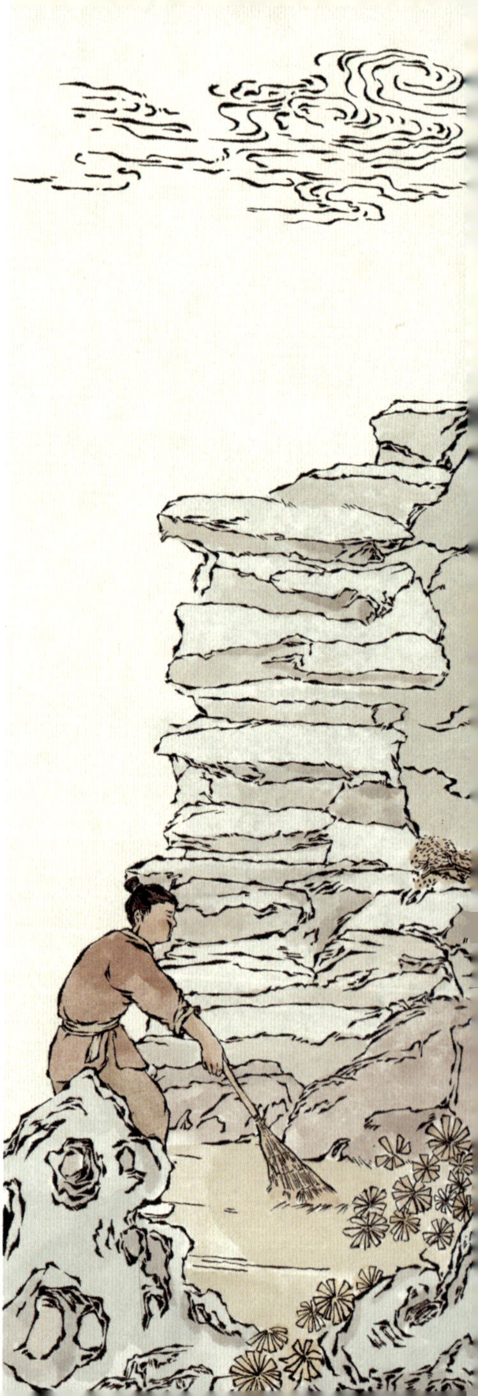

第四章 龙场悟道

《溪水》

溪石何落落,溪水何泠泠。
坐石弄溪水,欣然濯我缨。
溪水清见底,照我白发生。
年华若流水,一去无回停。
悠悠百年内,吾道终何成?

当危机终于过去,一切仿佛尘埃落定;当你如释重负,仿佛可以焕然新生。这时,你会如何面对好不容易熬过困厄的自己?

是放纵一下,宣泄一回?还是安享片刻的安宁?

有一种强大的人生,不论潮起潮落,也不论是绚烂还是平淡,即使历经百转千回,也会时时追问——吾道终何成?

一、阳明小洞天

王阳明病倒了,而且一下病得很重。

他与僮仆一起亲手结的草庵,根本不能遮蔽风雨,而玩易窝又太过低洼潮湿。所幸,王阳明在病倒前发现了一处更好的选择。

在龙场驿的东边有一座山,因为紧挨着龙场驿,当地人都叫它龙冈,或者简单地称之为东山,但它标准的学名应该叫栖霞山。

有意思的是,王阳明贬谪龙场前曾潜回南京去见父亲,金陵城外就有座著名的栖霞山,山上的栖霞寺是佛教三论宗的祖庭。

后来,王阳明龙场悟道后被邀请至贵阳主持文明书院的讲学,贵阳城东靠近文明书院的地方,也有座栖霞山,山上也有座栖霞寺。

在这三座栖霞山之间,龙场的栖霞山最为矮小且普通,但对于王阳明来说,尤其是对于心学的诞生来说,这个其实只是一座小山冈的栖霞山却尤为重要与不凡。

它的不凡首先在于它的半山腰上有一个洞,一个远比玩易窝要适合居住的山洞，这对于王阳明与两个僮仆来说，简直就是雪中送炭。

当王阳明发现龙冈山上的这个小山洞时，不禁喜出望外，他甚至为它改了一个有趣的名字，叫"阳明小洞天"，并一气呵成为之写了三首诗。这组诗的诗题就叫《始得东洞遂改为阳明小洞天三首》。

从诗题就可以看出他的欣喜来，因为他曾在绍兴会稽山上学道，当时隐居的山洞就叫阳明洞，所以这个龙冈的东洞就叫"阳明小洞天"了。

组诗中的第二、第三首写得极为有趣。诗云：

其二

僮仆自相语，洞居颇不恶。

人力免结构，天巧谢雕凿。

清泉傍厨落，翠雾还成幕。

我辈日嬉偃，主人自愉乐。

虽无棨戟荣，且远尘嚣聒。

但恐霜雪凝，云深衣絮薄。

其三

我闻莞尔笑，周虑愧尔言。

上古处巢窟，抔饮皆污樽。

冱极阳内伏，石穴多冬暄。

豹隐文始泽，龙蛰身乃存。

岂无数尺椽，轻裘吾不温。

邈矣箪瓢子，此心期与论。

组诗中的其一写的就是东洞的发现，然后主仆三人决定搬到东洞里居住。其二写了两个僮仆开心的情状，他们交头接耳，叽叽喳喳，不停称赞这处"阳明小洞天"真是天赐佳构，而且巧夺大工。厨房的位置旁边有汨汨清泉，简直就是"自来水"！而洞口的雾气，可以算是天然的门帘。洞口还有一块平地，两人即便嬉戏打闹，也不影响先生在洞中修行。真是棒极了！唯一担心的是到了冬天可咋办，我们会不会被冻成冰渣呀？

其三写了王阳明听见僮仆议论后，莞尔一笑中，同样开心的反应。他告诉两个僮仆，说上古的圣贤有很多都是居住在山洞中的，山洞冬暖夏凉，完全不用担心冬天会被冻成冰渣，而且这种简陋又自然的环境最是适合安贫乐道的修行，所以找到这处"阳明小洞天"，咱们就开开心心地偷着乐吧！

三人将"阳明小洞天"收拾一新，然后就告别了"不及肩"的草庵，欢欢喜喜地乔迁新居了。

可是没过两天，王阳明就病倒了。

一路跋涉之苦，兼之初到龙场时的所有不适，一下子全暴发了。

两个僮仆吓坏了，不知该如何是好。幸好王阳明年轻时曾有所谓"五溺"，其中一"溺"便是"神仙之习"，也就是道家养生求仙之术，所以王阳明还是深通医道、熟知草药的。

在王阳明的教导下，两个僮仆采来草药，又细心照料，王阳明终于缓了过来。

可"屋漏偏逢连夜雨"，王阳明才刚刚痊愈，两个僮仆又一下全都病倒了。这一下，王阳明还要反过来照顾两个生病的僮仆。

王阳明亲自采来草药熬煮，但意外地发现药效在两个僮仆身上却并不明显。王阳明开始觉得奇怪，两个僮仆说起来还未完全成年，阳气本应很旺，为什么反倒不如自己呢？

王阳明不愧是学有贯通，他略一思索，便想明白了其中的关键——他们缺乏一种内心深处鼓舞生机的精神力量！

作为进士出身的王阳明，可以说属于那个时代士大夫阶层中的中坚与核心，而王阳明又是这个群体中最为突出的，要不然他也不会成为勇斗宦官集团的佼佼者。王阳明自己素来有成圣的理想，有"为天地立心，为生民立命"的抱负，即使面对锦衣卫的追杀，他也能写下"险夷原不滞胸中"这样的诗句；即使面对远贬龙场、一路向黔的困厄，他也能发出"此境奇绝"的浩叹。再瘴疠横行、蛊毒丛生的艰难之地，也不能影响他入黔时立下的"居夷志"。王阳明对这片土地，以及这片土地对王阳明，冥冥中都开始有着一种共振与相互的影响，所以，反倒是王阳明更快地适应了下来。

而两位僮仆则不同，他们只是纯粹的跟随，对如此艰险之地充满了恐惧与嫌恶，一旦病倒，内心所有负面情绪都被反复放大，走上恶性循环，连草药也不见有什么疗效。

想通这一层，王阳明立觉豁然开朗，他灵机一动，想到一个绝好的辅助疗法——

唱歌！

其实，王阳明最先想到的方式是念诗给两个僮仆听。

诗本身是讲究抑扬顿挫的，而且古代文人诗多吟诵，吟诵本身是非常具有音乐性的。故而，明代戏曲的发展受到诗人们的巨大影响，昆山腔的改革与发展关键就在书卷化、文人化的升华，所以明代才最终诞生出百戏之祖的昆曲来。

可是，王阳明的诗歌吟诵，对于两个病恹恹的僮仆来说，简直就是对牛弹琴。

无奈之下，王阳明只能彻底放下身段，唱起民歌与俗曲来，竟然一下就别开生面了！

《阳明先生年谱》里记载说：

> 而从者皆病，自析薪取水作糜饲之；又恐其怀抑郁，则与歌诗；又不悦，复调越曲，杂以诙笑，始能忘其为疾病夷狄患难也。

不仅唱起民歌、俗曲，而且还"杂以诙笑"，看来王阳明也是一位杰出的"段子手",这对于一位进士、一个士大夫阶层的中坚与核心分子来说,殊为难得。

像王阳明这样的大儒,一旦放下身段,一旦特别接地气,令人意料之外的"别开生面"的效果也就接踵而来了。

首先是两位僮仆迅速痊愈。

其次是王阳明的歌声居然吸引了当地的土苗。

苗族、瑶族和彝族,这些少数民族,很多都被誉为"山歌上的民族"。据考,川滇黔地区很多少数民族都有山歌节,而且有的已经延续了近千年之久。对于龙场附近那些"鴃舌难语"的土苗来说,没有什么比音乐更能承担起沟通的使命来了。

王阳明也始料未及,他本为辅助疗法的歌声,一下就拉近了他与当地土苗的距离。当地土苗也一改初见王阳明时的警惕与不友好的姿态,到后来,居然还跟王阳明他们对起山歌来。

这下,因为有了音乐,有了歌唱,荒凉、破败、凋敝的龙场驿一下有了别样的生机。

王阳明心中不禁感慨,万世师表的孔夫子崇尚"兴于诗、立于礼、成于乐"的"礼乐教化",真是诚不我欺!

王阳明与僮仆原来搭建的草庵之所以根本不能住，一是技术不行，二是人手不够。现在好了，因为苗人的认可，他们居然主动帮助王阳明在阳明小洞天旁搭建了一处像模像样的屋子。

王阳明既感动又欣喜，为此写下一篇著名的《何陋轩记》。文曰：

> 昔孔子欲居九夷，人以为陋。孔子曰："君子居之，何陋之有？"守仁以罪谪龙场，龙场，古夷蔡之外，于今为要绥，而习类尚因其故。人皆以予自上国往，将陋其地，弗能居也。而予处之旬月，安而乐之，求其所谓甚陋者而莫得。独其结题鸟言，山栖羝服，无轩裳宫室之观，文仪揖让之缛，然此犹淳庞质素之遗焉。盖古之时，法制未备，则有然矣，不得以为陋也。夫爱憎面背，乱白黝丹，浚奸穷黠，外良而中螫，诸夏盖不免焉；若是而彬郁其容，宋甫鲁掖，折旋矩蠖，将无为陋乎？夷之人乃不能此。其好言恶詈，直情率遂，则有矣。世徒以其言辞物采之眇而陋之，吾不谓然也。

始予至，无室以止，居于丛棘之间，则郁也；迁于东峰，就石穴而居之，又阴以湿。龙场之民，老稚日来视，予喜不予陋，益予比。予尝圃于丛棘之右，民谓予之乐之也，相与伐木阁之材，就其地为轩以居予。予因而翳之以桧竹，莳之以卉药；列堂阶，辩室奥；琴编图史，讲诵游适之道略具。学士之来游者，亦稍稍而集于是。人之及吾轩者，若观于通都焉，而予亦忘予之居夷也。因名之曰"何陋"，以信孔子之言。

嗟夫！诸夏之盛，其典章礼乐，历圣修而传之，夷不能有也，则谓之陋固宜；于后蔑道德而专法令，搜挟钩繁之术穷，而狡匿谲诈，无所不至，浑朴尽矣！夷之民方若未琢之璞、未绳之木，虽粗砺顽梗，而椎斧尚有施也，安可以陋之？斯孔子所为欲居也欤？虽然，典章文物，则亦胡可以无讲？今夷之俗，崇巫而事鬼，渎礼而任情，不中不节，卒未免于陋之名，则亦不讲于是耳。然此无损于其质也。诚有君子而居焉，其化之也盖易。而予非其人也，记之以俟来者。

这篇文章大意是：人们都以为我来自京城，一定会嫌弃这里简陋，不能居住；然而我在此地居住，却很安乐。夷人好骂人，说粗话，但性情率真、淳朴。我刚来的时候没有房子居住，便住在丛棘之中，后迁到东峰，就着石洞住下。我曾在丛棘的右边开园种菜，夷民纷纷砍伐木材，就着那块地搭建起一座轩房让我居住。我于是种上桧柏竹子，又栽上芍药等花卉，摆上琴书和图册史书，来交往的文人学士也慢慢聚首，增多了往来。在此之后，到我轩中的人好像来到了四通八达的都市，而我也忘记自己是住在远夷之地，于是给轩取名为"何陋轩"。哎呀，现在夷人的风俗，崇尚巫术，敬奉鬼神，轻慢礼仪，放任性情，然而这对他们淳朴的本质并没有损害。果真有君子住到这里来，开导教化他们大概很容易吧。可是我不是那种能担此重任的君子，因此写下这篇"记"，用以等待将来的人。

正所谓："南阳诸葛庐，西蜀子云亭。孔子云：'何陋之有？'"原来，王阳明之所以给它取名"何陋轩"，其中自有满满的文化传承与别样抱负！于是，在不久的将来，这间普通、简陋的何陋轩，将见证一个叫作"龙冈书院"的奇迹，更将见证整个贵州的教育史奇迹。

这篇《何陋轩记》非常有名，自我宽慰中透着几分自谦，自我警策中又寄托对华夏文明继绝的热望。它的原稿现珍藏于日本东京的国立博物院，日本人视之为珍宝。这是因为在日本文化中王阳明就是神一样的存在，可以说没有阳明心学就没有日本的明治维新，就没有日本后来的强大。

就这样，王阳明硬生生地在绝地之中为自己的内心开出一条光明的道路，然后从他的阳明小洞天里，从他的何陋轩里，看到了一丝人生蜕变的光芒。

可是，还不够。

即便有了栖身之所，即便融入了当地百姓的生活，可生存的危机依然迫在眉睫。

因为，他们断粮了！

二、学农

土苗可以帮他们盖房子，但不可能接济他们粮食，因为苗人自己刀耕火种的产出还不够自己吃。

按道理，王阳明作为龙场驿丞，当地应该派发基本的生活物资，可王阳明是因为得罪了权势熏天的宦官头子刘瑾而被贬谪至此，当地知州自然包藏祸心，巴不得他自生自灭。

王阳明自然了悟自身的处境，所以他对于当地知州也根本不抱任何希望。后来的事实也证明，即便身处绝境，王阳明也葆有着不一样的清醒。

可是，就像俚语所云，"人是铁，饭是钢"，不吃饭终究是不行的。

最开始，他们靠采食野菜度日。王阳明就作有《采蕨》一诗。诗云：

采蕨西山下，扳援陟崔嵬。
游子望乡国，泪下心如摧。
浮云塞长空，颓阳不可回。
南归断舟楫，北望多风埃。
已矣供子职，勿更贻亲哀。

开篇第一联写采蕨的地点与艰难的情状，接下来全是思乡、思亲的强烈悲伤。王阳明毕竟也是人，虽然立下"居夷之志"，但理想的丰满有时就是不敌现实的骨感，一时情绪的泛滥，让这位即将涅槃重生的心学宗师也情难自已。

可王阳明最擅长的就是对自我的观照与控制，他在诗的最后告诫自己，不要悲伤，不要一味放纵情绪，以免因为自己的失误，再给二老双亲带来新的担忧与哀伤。这时，一个理性、清醒的王阳明又回到了人间！

因为是理性的，更因为是清醒的，王阳明克服了情绪的自我与带着固有社会角色的自我，决定——

学农，稼穑，耕种！

中华诗史上有大量的田园诗，山水田园诗派更是盛唐诗史上最为重要的两大核心诗歌流派之一。从陶渊明到王维、孟浩然，到范成大、杨万里，田园诗的杰作简直不胜枚举。虽然王阳明一生仅在龙场作有十四首田园诗，但这些诗却在中国的田园诗史上显得弥足珍贵。

这是为什么呢？

当放下一切顾虑决定学农时，他写下了《谪居绝粮请学于农将田南山永言寄怀》。诗云：

谪居屡在陈，从者有愠见。
山荒聊可田，钱镈还易办。
夷俗多火耕，仿习亦颇便。

及兹春未深，数亩犹足佃。
岂徒实口腹？且以理荒宴。
遗穗及鸟雀，贫寡发余羡。
出来在明晨，山寒易霜霰。

理性而清醒的王阳明对自己说：断粮也没什么好奇怪的，万世师表的孔夫子不也曾"在陈绝粮"？问题摆在面前，总要靠行动去解决。况且此地多荒田，苗民刀耕火种的方式，因为原始，也就简单易学，我又有什么学不会的呢？趁着还是春天，立刻行动起来吧，等到收成之时，我亲手种的粮食，还可以遗之鸟雀，惠及生灵！

没有一丝抱怨，没有一丝犹疑，他立刻从观摩和亲身学习耕种入手。于是《观稼》诗云：

下田既宜秫，高田亦宜稷。
种蔬须土疏，种蓣须土湿。
寒多不实秀，暑多有螟螣。
去草不厌频，耘禾不厌密。
物理既可玩，化机还默识。
即是参赞功，毋为轻稼穑！

王阳明通过耕作的实践观察发现，田地高低不同、土质松湿有别、气候寒暑区分等，对种植作物各有不同的影响。

这种劳动唤起了王阳明作为人的本质与自然的深层联结，开始在不知不觉间逐步深化其对人与世界关系的认识。

诗中最后感慨"物理既可玩，化机还默识。即是参赞功，毋为轻稼穑"。此时的王阳明在细致观察土壤及气候等自然因素对人耕种成果的影响中，重新审视着人与自然的关系，对待自然外物的视角已不再如当年"格竹"时那样执着于"格土壤""格农事"，而是将万物之理的机要归结为内心参悟，这也成为王阳明终于由理学之格入到心学之悟出的关键一步。

王阳明自己也深深感慨在学农与耕作中的体悟与收获，他在《龙冈新构二首》（其二）中说：

素缺农圃学，因兹得深论。
毋为轻鄙事，吾道固斯存。

以前认为自己是博学的，如今才知道学无止境，因为龙场胜过农场，居然补上了自己在农圃学上的短板。王阳明发现自己以前轻鄙农事真是大错特错，自己所追求的大道，不就在这片土地中吗？

于是，王阳明的心性在耕作中与他种下的作物一起茁壮成长，他因而是无比快乐的。他说连土苗看到他干农活都能感受到他的快乐——"予尝圃于丛棘之后，民谓予之乐也。"

但比快乐更重要的，是一种笃定。

他不仅像一个农夫一样下田耕种，还像一个樵夫一样上山砍柴。他的《采薪》诗其一诗云：

朝采山上荆，暮采谷中栗。
深谷多凄风，霜露沾衣湿。
采薪勿辞辛，昨来断薪拾。
晚归阴壑底，抱瓮还自汲。
薪水良独劳，不愧吾食力。

再也没有《采薇》时的颓废与悲伤，所谓"薪水良独劳，不愧吾食力"，一切自力更生，俯仰无愧天地！

不仅笃定而无愧，同时也不失大儒的襟怀与眼光。《采薪》诗其二诗云：

> 倚担青岩际，历斧崖下石。
> 持斧起环顾，长松百余尺。
> 徘徊不忍挥，俯略涧边棘。
> 同行笑吾馁，尔斧安用历？
> 快意岂不能？物材各有适。
> 可以相天子，众稚讵足识。

不忍持斧砍长松，只捡拾涧旁柴禾，面对乡民的不理解，王阳明回答说："快意岂不能？物材各有适。可以相天子，众稚讵足识。"

在为了维持基本生存而不得不亲自采薪的时刻，王阳明仍能从木材各有所用想到辅佐天子的治国之道，可见不因穷达而易的治平之志，依然充塞于这位儒家知识分子的胸中。

这就要说到王阳明的十四首田园诗在田园诗史上的独特价值和地位了。

历代文人喜欢写田园诗，本质上是将田园当成某种寄托或心境的抒写。士大夫阶层的心理优越感，与农业文明以农为本的时代性，催生了中国田园诗的独特内涵。它们或表现文人优而不仕、退居田园的高洁，或表现文人俯身微察、放下身段的平易。即便"躬耕南亩"，也大多纯属"摆拍"。

所以，往往要么是田园牧歌式的抒写，要么是新乐府式的"田家词"与"悯农诗"。就像有的学者所论，终究要么是"远距离的素描"，要么是"居高临下的怜悯"。

王阳明的田园诗则大不相同，他不再是田园生活的审视者，而是田园生活的亲历者。耕作、采摘、砍柴，农事与田园，从侧面衬托的景观，变成物我一体的存在。主客体之间，至为平等，他的田园之乐早已超越了一般文人的友农、颂农之乐。

劳动为王阳明供给了必需的生存资料，还提供了积极的情感支撑，王阳明通过这份独特体验的内化，彻底完成了初至贵州的转变与适应。从身体力行实践劳动到执笔感怀抒写劳动，王阳明既完成了对劳动生活的再认知，也完成了对这片"奇绝"土地的再认知，所以他的田园诗，才具有独特的审美与哲理价值。

所以从田园诗史来看，只有王阳明与陶渊明，在放下身段的田园劳作与农事亲历中，明明白白地"明"了他们的本心。

虽然，王阳明一生也不过十四首田园诗，但像他的《西园》诗，纯用田家语，写尽自然、素朴的田家生活，甚至已不逊于陶渊明的《饮酒》诗。

当然，王阳明与陶渊明既有相同，也有不同，最大的不同就在于，陶渊明终究只是诗人，而王阳明终究是位哲人。所以，王阳明在度过生存危机之后，便不会只停留在田园生活的惬意与闲适上。他在一篇优秀的五古创作《溪水》中写道：

溪石何落落，溪水何泠泠。
坐石弄溪水，欣然濯我缨。
溪水清见底，照我白发生。
年华若流水，一去无回停。
悠悠百年内，吾道终何成！

五古是陶渊明开创田园诗时最喜欢用的诗体，也是王阳明在龙场进行田园诗创作时最喜欢用的诗体。但在清澈见底的溪水里，没有"欲辨已忘言"的悠然忘机，只有"吾道终何成"的终极追问。这就是哲人与诗人的区别。

三、瘗旅文

没有了生存危机，并不意味着就摆脱了生死的考验。

对于哲人来说，悟不透生死，就寻不到"吾道"。

王阳明后来也对学生说："学问功夫，于一切声利嗜好俱能脱落殆尽，尚有一种生死念头毫发挂带，便于全体有未融释处。人于生死念头，本从生身命根上带来，故不易去。若于此处见得破，透得过，此心全体方是流行无碍，方是尽性至命之学。"所以——

生存还是毁灭，这是一个问题！

这是《哈姆雷特》中的名言。其实哈姆雷特这句话的背后蕴含着一种深刻的内涵，即"生还是死，这是一个值得深入思考的问题"。一个伟大的人必须面对过生死、思考过生死；一个哲学家、思想家，如果没有面对过生死、思考过生死，他就根本不可能成为一个哲学家、思想家。

王阳明可谓历经磨难，当他从最恐怖的诏狱里活了下来，从锦衣卫的追杀里活了下来，从武夷山的虎口活了下来，又从龙场极其恶劣的自然条件下活了下来的时候，就算是过了生死那道关了吗？

不，这还不够。

他个人的生死还不足以使他成为开辟五百年心学思想史的一代宗师，他还需要一种对生死的慈悲与彻悟。

正德四年（1509）秋七月初三，傍晚时分，王阳明透过何陋轩简陋的篱笆墙的缝隙看到三个衣衫褴褛、行色匆匆的汉人，这是一名吏目带着一个儿子和一个仆人，将要去更远的地方上任，路过龙场，投宿在一户土苗人家。王阳明从篱笆中间望见他，想靠近他打听北方的情况，当时阴雨昏黑，就没能实现。

第二天早晨，王阳明想见见这个人，因为这个人从中原来，他想问问他中原的情况。王阳明在龙场这么长时间，与内地断绝消息，难得见到中原来了一个人。结果当他派人去探视，才听说这个吏目一大早已经带着儿子和仆人上路了。

到了中午的时候，突然有人回来报信，说前面的蜈蚣坡下有一个老年人死了，旁边两人哭得很伤心。王阳明一听，说肯定是那个吏目死了，他的儿子和仆人正在哭。

到了傍晚时分，又有人来说坡下死了两个人，旁边有一人在坐着叹息。问明他们的情状，王阳明方知那个吏目的儿子也死了。

第二天，又有人来说看到坡下堆了三具尸体。最终，那个吏目的仆人也死了。

这就是"蛇虺魍魉，蛊毒瘴疠"之地！那时，中原汉人到此地非常不适应，这是一种极为普遍的情况，王阳明也是凭着自己坚强的意志才和仆人们从生死边缘爬了回来。而这个吏目和他的儿子、仆人就没这么幸运了，就在龙场驿前面的蜈蚣坡下，三个人都死了。

王阳明得知这个消息之后很伤感，想到他们的尸骨暴露在荒野无人认领，便要带着两个僮仆拿着畚箕和铁锹前去埋葬他们。

两个僮仆当时面有难色。人死了为何我们去埋？跟我们又不沾亲带故。王阳明悲悯地说："我和你们，不也像他们一样吗？虽然我们是陌路人，但我们的命运和他们不是一样的吗？"

如此一说，两个僮仆潸然泪下，就跟随着王阳明带着铁锹，带着畚箕，还带了简单的祭品，到了蜈蚣坡下。

他们在旁边的山脚下挖了三个坑,把三个人埋了,然后又各上了一碗米饭,还有一只野鸡。摆上祭品之后,王阳明一声长叹,突然忍不住落泪,对着墓中的吏目说了一番话,非常感人。王阳明说:

呜呼伤哉!繄何人?繄何人?吾龙场驿丞余姚王守仁也。吾与尔皆中土之产,吾不知尔郡邑,尔乌为乎来为兹山之鬼乎?古者重去其乡,游宦不逾千里。吾以窜逐而来此,宜也。尔亦何辜乎?闻尔官吏目耳,俸不能五斗,尔率妻子躬耕可有也。乌为乎以五斗而易尔七尺之躯?又不足,而益以尔子与仆乎?

呜呼伤哉!尔诚恋兹五斗而来,则宜欣然就道,胡为乎吾昨望见尔容蹙然,盖不胜其忧者?夫冲冒雾露,扳援崖壁,行万峰之顶,饥渴劳顿,筋骨疲惫,而又瘴疠侵其外,忧郁攻其中,其能以无死乎?吾固知尔之必死,然不谓若是其速,又不谓尔子尔仆亦遽然奄忽也!皆尔自取,谓之何哉!吾念尔三骨之无依而来瘗尔,乃使吾有无穷之怆也。

悲伤啊,悲伤啊!你是什么人,什么人啊?我是此地龙场驿的驿丞——余姚王守仁呀!我和你都生长在中原地区,我不知你的家乡是何郡何县,可你为什么要来做这座山上的鬼魂啊?古人不会轻率地离开故乡,外出做官也不超过千里。我是因为流放而来此地,理所应当。你又有什么罪过而非来不可呢?听说你的官职仅是一个小小的吏目而已,薪俸不过五斗米,你领着老婆孩子亲自种田就会有了,为什么竟用这五斗米去换你堂堂七尺之躯?又为什么还觉得不够,再加上你的儿子和仆人啊?哎呀,太悲伤了!你如真正是为留恋这五斗米而来,那就应该欢欢喜喜地上路,为什么我昨天望见你皱着额头、面有愁容,似乎承受不起那深重的忧虑呢?你们一路上冒着雾气露水,攀援悬崖峭壁,走过万山的峰顶,饥渴劳累,筋骨疲惫,又加上瘴疠侵其外,忧郁攻其中,难道能免于一死吗?我固然知道你必会死,可是没有想到会如此之快,更没有想到你的儿子、你的仆人也会很快地死去啊!我不过是怜念你们三具尸骨无所归依才来埋葬罢了,却使我自己引起无穷的感怀与悲怆。

王阳明为什么会有如此无穷的感怀,他的感怆又到底是什么呢?让我们听听他的自白:

> 自吾去父母乡国而来此，三年矣；历瘴毒而苟能自全，以吾未尝一日之戚戚也。今悲伤若此，是吾为尔者重，而自为者轻也。

　　这是说自己自从离开父母之乡来到此地，已经很长时间了。历尽瘴毒而能勉强保全自己的生命，主要是因为自己没有一天怀有忧戚的情绪，凭着乐观与信念在如此艰难的龙场顽强地活了下来。他没有因为这样的命运而郁郁寡欢，而是告诉自己不论走到哪里都要快乐，都要有希望。可是为什么今天却忽然如此悲伤了？王阳明解释说，自己这是为吏目悲伤得太重，为他想得太重，而为自身想得很轻！

　　请注意，这段话很重要，虽然王阳明接着就宽慰自己不要为此而失了平常心，也不要再沉溺于吏目死亡的悲伤，甚至他还为吏目三人唱了两首安魂曲，可是他一反常态的悲伤却是这件事情的关键所在。

　　王阳明的安魂曲是怎么唱的？

> 吾为尔歌，尔听之。歌曰：连峰际天兮，飞鸟不通。游子怀乡兮，莫知西东。莫知西东兮，

维天则同。异域殊方兮，环海之中。达观随寓兮，奚必予宫。魂兮魂兮，无悲以恫。

又歌以慰之曰：与尔皆乡土之离兮，蛮之人言语不相知兮。性命不可期，吾苟死于兹兮，率尔子仆，来从予兮。吾与尔遨以嬉兮，骖紫彪而乘文螭兮，登望故乡而嘘唏兮。吾苟获生归兮，尔子尔仆，尚尔随兮，无以无侣为悲兮！道旁之冢累累兮，多中土之流离兮，相与呼啸而徘徊兮。餐风饮露，无尔饥兮。朝友麋鹿，暮猿与栖兮。尔安尔居兮，无为厉于兹墟兮！

后人一般分析说，此刻王阳明是在借他人之酒浇自我心中之块垒，是在借吏目的人生际遇自伤自怜。这种分析肯定有道理，但如果只是停留在这一层次的话，终究还是太浅了一些。如果王阳明只是发泄这种情绪，他就不可能成为接下来开辟心学的王阳明，而他记载这件事情的《瘗旅文》也不可能名垂千古，成为《古文观止》中的绝世名篇。

要知道清人吴楚材、吴调侯编著的《古文观止》总共收了不过两百二十二篇古文，这些文章代表了古代文言文的最高水平，为世所公认。明朝两百七十六年历史，共有十二人的文章入选，所谓文坛领袖、文坛奇才如宋濂、刘伯温、方孝孺、归有光等最多不过两篇入选，而王阳明独一无二，三篇入选，其中最有名的就是这篇《瘗旅文》。《瘗旅文》写的就是吏目的命运以及王阳明安葬了吏目之后在他墓前哭祭这段事件。

这就让人不由想起佛祖释迦牟尼来。他原本是乔达摩·悉达多王子，为什么能成佛？在真实的历史中，他是怎么开悟的呢？其实最关键的一个转折就是他出东南西北四门，观人世间生老病死之苦，而明悟慈悲之心，要救苦救难，要度众生归于光明之彼岸。

这种慈悲就是王阳明此刻"为尔者重，自为者轻"的"悲伤若此"的关键。这样对生死的明悟，和他自身的生死经历结合在一起，才算得完整，也算得升华。

可是，就算是明悟了生死，但离大彻大悟还缺一点点契机。这个契机到底在哪里呢？

五百年前的王阳明自然是没看过金庸的《神雕侠侣》，但是所谓殊途同归，他所想到的方法和金庸的方法居然完全一样，或者可以说金庸大概是受了王阳明的启发。

据王门弟子钱德洪的《阳明先生年谱》和明代冯梦龙的《皇明大儒王阳明先生出身靖乱录》记载，王阳明花了不少力气做了一个石棺，经历过吏目死亡这件事之后，他从此居然不住在何陋轩里，每天晚上就睡在那个石头棺材里。

《神雕侠侣》里的小龙女，也是生活在终南山的活死人墓，也是从棺材里头成长起来的。但是王阳明不一样，作为一个大思想家，他要极尽升华。他经历过生死，也旁观过生死，然后以慈悲心笼罩了人世间的生死与苦难。

《年谱》里说，王阳明"自计得失荣辱皆能超脱，惟生死一念尚觉未化，乃为石墩自誓曰：'吾惟俟命而已！'日夜端居澄默，以求静一。久之，胸中洒洒"。

每天晚上，王阳明都会躺进那个石棺里，直面生死。终于在一个风雨之夜，一道闪电划破天际的时候，他突然从石棺里头坐起来，放声长啸。这啸声照破山河万朵，照见万古长夜。

《年谱》里说，阳明先生"因念圣人处此更有何道？忽中夜大悟格物致知之旨，寤寐中若有人语之者，不觉呼跃，从者皆惊"。

王阳明纵声长啸之后，说了一番极为重要的话："始知圣人之道，吾性自足，向之求理于事物者误也。"

经过无尽坎坷与苦难之后，王阳明从他个体的生命中终于诞生出中华民族文明的璀璨光芒。

这一晚，王阳明大彻大悟，悟到的便是心学中最重要的一个奠基理论——

心即理！心外无物！

中国五百年来最伟大的思想——阳明心学，就此诞生。

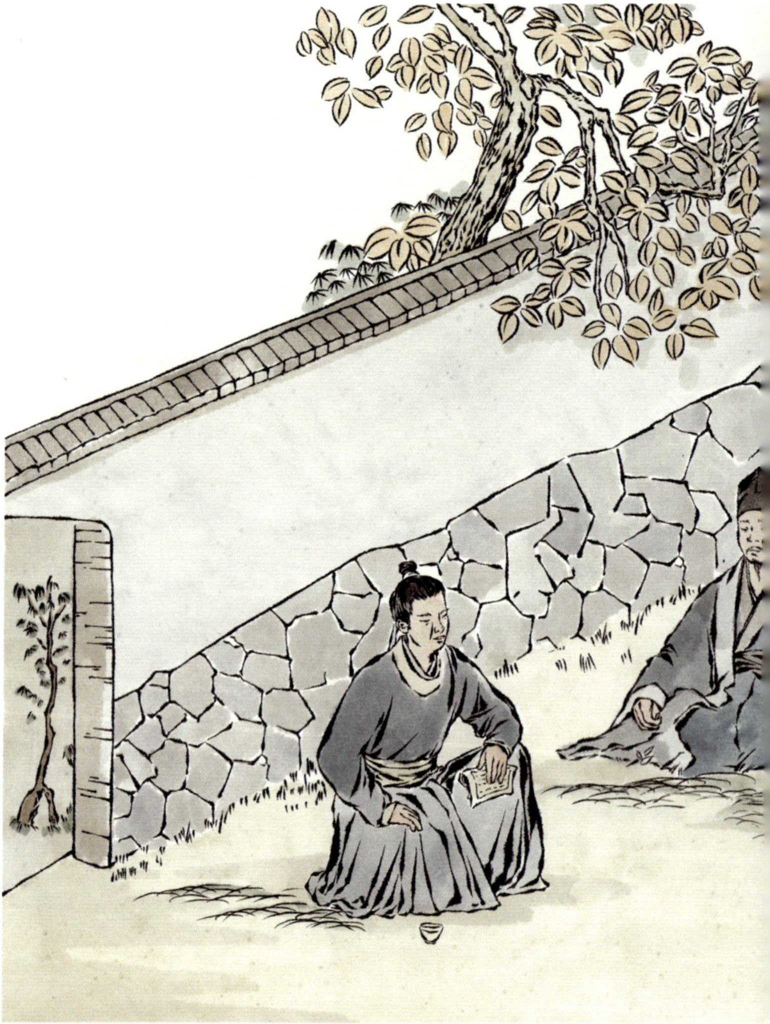

第五章 心外无物

《咏良知四首示诸生》其三
人人自有定盘针,万化根源总在心。
却笑从前颠倒见,枝枝叶叶外头寻。

在一个越来越碎片化的社会里,我们该拿什么来拯救我们的灵魂?

我们拼命地向外追求,但追求越多,"枝枝叶叶"愈甚,碎片化危机也就愈加严重。

走回内心世界的路,说远不远,说近不近。

但,道,不远人!

一、心即理

五百年来最重要的东方哲学思想——阳明心学,在贵州龙场诞生了。

心学的奠基性理论——心即理!心外无物!

这也是王阳明龙场悟道的关键所在。

心即理,是相对于理学而言的终极判断。

宋明理学是中华儒家哲学发展史上的一个重要组成部分。由宋至明,甚至一直到晚清,在漫长的中国封建社会中后期,理学都是被各封建王朝认可并推崇的官方学说。

对理学家而言,理学的"理",就是宇宙终极的道,所以理学又被称为"道学"。

理学的分支也有很多,宽泛而言,由陆九渊到王阳明的陆王心学,其实也算是理学的一支。

理学的主流,即被各个封建王朝所认可并推崇的官方学说,是程朱理学。程朱理学以二程兄弟中的程颐与他后来的继承者朱熹为代表,主张"理"是产生世界万物的本源。程颐标举"性即理",甚至为此主张"存天理,灭人欲"。朱熹继承并大大发扬了这一学说,使其后来成为封建统治者禁锢人们思想的"利器"。

而王阳明承续陆九渊一脉,主张心即理,本质上是一种思想的解放。

程朱理学与陆王心学的区别与优劣在今天的中小学教育中表现得特别明显。

虽然人类社会已经从农业文明进入了工业文明,甚至已经进入了教育资源极其丰富的信息时代,可当下的主流教育思想和方法的形成与实践,其实依然深受理学的影响。

比如说,小学启蒙的语文教育中,贯穿识字阶段的很长一段时间内,老师惯常采取的一种教育和惩罚措施是——写错一个字,罚抄多少遍!

这种操作方式,其实也不只是当下存在,几十年来的语文启蒙教育都是如此。经过反复、大量的单个字的正确书写,以纠正错误的认知,从而达到正确识字的目的,这看上去好像也没什么问题。

可事实上的结果却是——字,可能写对了,但在孩子内心深处,已经对这个字、这项作业,以及这个字、这项作业背后的这门学科，甚至对学习本身，都产生了一种潜在的恐惧！因为他并不知道为什么要这么做。不仅被教育者不知道，事实上，长期如此操作，并觉得一切都属天经地义的教育者们，大多也不知道为什么要这样做。

这种教育行为习惯的底层逻辑，就来自程朱理学。

在理学家那里，世界的终极规律，既可以叫作"道"，也可以叫作"理"，所以理学家最喜欢讲"道理"，尤其喜欢讲"大道理"。

而这个宇宙间终极的"道"与"理"，其实是隐藏在世间的万事万物中的。朱熹甚至认为，总合天地万物的理，只是一个理，它分开来之后，每个事物都各自有一个理，这就叫"理一而分殊"，而这个终极的"理"，分到每个人的身上，就叫作"性"。所以程颐说："自理言之谓之天，自禀受言之谓之性。"因为性禀受于理，所以说"性即理"。

于是，宋明以来儒家教育史上具有举足轻重的地位和巨大影响力的程颐和朱熹，就逆向设计了此后儒家教育的一个重要的底层逻辑——格尽每一个事物上的"理"，等到积累得足够多，你就可以发现并领悟那个终极的"理"。

此之谓"厚积而薄发"。

从技术的角度看,这种底层逻辑的设计并没有问题,它甚至深深地影响了中国的学子,激励着他们愈加发奋努力。

事实上,现代西方教育也同样有所谓"一万小时理论"——没有大量的实践积累,就不可能完成认知瓶颈的终极突破。

所以王阳明当年作为朱熹的信徒,在听了娄谅所说的"圣人必可学而至"之后,认为最直接的学习方式就是格竹子,也就是想从格每一事物上的"理"开始,最终领悟那个天地间终极的"理"。

五百年前的"阳明格竹"看上去有些无厘头,但没办法,因为八百年前的朱熹朱夫子就是这么教的。朱熹在著名的"儒生八要"中,尤其强调格物致知。

问题是,这种逆向的设计,即由无数个案小"理"的累积以求达到终极大"理"的发现,其实有一个致命的逻辑前提的缺陷,并必然会由此产生一个遗毒后世的恶果。

为程朱理学奠基的二程时代，是北宋文人党争最剧烈的时期，也是历史上著名的王安石变法时期。文人就变法改革的拥护与反对，基本上分成了新党与旧党两大集团。

新党过于激进，经常失去行动底线，而旧党备受打击，但却占据了道德高地。新党是行动派，而旧党中尤其是以二程兄弟为首的洛党，为了牢牢占据道德高地，在文化与哲学层面自然会选择全方位且不切实际地自我拔高，以求在"道""理"上全面碾压政敌。

到了南宋，党争依然不断，程朱理学的自我标榜充满了意气使然的成分，所以"道"与"理"的解释权永远被握在理学家手中，成为他们构建文化"鄙视链"的终极武器。

于是，在理学统治并掌握终极话语权的时代，真正的教育现实变成了——你只要在理学家设计好的这个庞大的逻辑体系里一点点或"格物"或"爬格子"就好，说什么终极的"道""理"？你的层次太浅，水平太低，但你不要心急，只要听话，只要按理学家们教的那样去做就好！

为什么历代封建王朝的统治者都特别喜欢奉理学为

官方正统学说？为何嘉靖皇帝登基前本还是阳明先生的粉丝，意外登基后便迅速以理学家自我标榜，并迅速将王阳明边缘化？因为在封建威权统治下，在封建统治者的眼中，理学具备最理想的教化作用，即可潜移默化地培养无数听话的顺民！

其实西方也是如此，所谓中世纪的黑暗，即有关基督教义的终极解释权都绝对掌握在教会手中，于是教会可以奴役人民，可以迫害哥白尼，可以烧死布鲁诺。

在理学思想近千年潜移默化的影响下，直到今天，在现实教育中，老师、家长都还那么喜欢"听话"的孩子。而"家长"一词，其实就源于封建家长制！

所以如果学生写错一个字，解决方法是只要他听话地接受老师安排的罚抄多少遍即可。这种奇葩的教育方式，其实并不是哪一位老师或哪一代老师的突发奇想，而是由传统的理学文化基因所决定并一代代传承下来的。

问题是孩子并不知道罚抄一百遍的行为与整体人生之间的关系，在一味被动地接受中，他们要么成为听话的"顺民"，要么在内心深处生长出一种恐惧、一种厌恶！

这就叫禁锢！

所以，当王阳明喊出"心即理"时，本质上就是对程朱理学的反动，就是打破精神禁锢的解放。

那么，心学为什么具有精神解放的力量？——这就要说到"心外无物"了。

二、岩中花树

"心即理"落脚于理学的终极判断，而"心外无物"则关系到阳明心学的本体论本质。

那么，王阳明所说的心外无物，是不是就是简单的如陆九渊当年说的"我心即宇宙，宇宙即我心"？是不是就是后来贝克莱说的"存在就是被感知"？

如果不尽然，那么王阳明的心外无物究竟又有怎样独特的内涵？

说到心外无物，就要说到五百年来中国哲学史上争议非常大的一个公案，那就是《传习录》中所记载的——

岩中花树。

有一次，王阳明和学生一起去游南镇。学生看到南镇的山岩中有一棵树——一棵开花的树，就很感动，觉得很美。学生转头问王阳明，先生你说心外无物，但是你看这棵树，所谓"独有南山桂花发，飞来飞去袭人裾"，如果我们没到南镇这个地方来，这棵树它就不开花吗？它就不美丽吗？我们现在是见到了，如果我们没有来，没见到，不知道有这棵树呢？它在我心之外，我本不知道世上原来有这棵树，但花开花落花满天，它就没有美丽可言了吗？

王阳明微微一笑，说这个问题问得好，刚好借此解答他所说的"心外无物"到底是什么。接下来，王阳明说了一段话，这段话也就成为五百年来哲学史上最让人费解，也是屡屡引起争议的一段话。

王阳明说：

> 汝未来看此花时，此花与汝心同归于寂。汝来看此花时，此花颜色一时明白起来，便知此花不在汝心之外。

这段话就是王阳明对心外无物的解答。后来争议之所以非常大，是因为他说得非常玄妙。

王阳明到底在说什么呢?

有人认为王阳明的心外无物说的是心即道,道即天。心是哲学本体,无所不包。这里的心不再是个体的心,而是指所有的道。

既然如此,那为什么不叫"道外无物",而叫"心外无物"呢?

又有人认为,这不过就像西方哲学家贝克莱所说的"存在即被感知"而已。

所以,不能理解"心外无物"的人就据此批判阳明心学是主观唯心主义,甚至是极端唯心主义。其实,这不过是不负责任地简单"贴标签"罢了。

那么王阳明说的心外无物到底是什么?

一切还是要落足于他自己的话,他自己的解释。

在古代,训诂学、音韵学、文字学合称"小学",小学是古代儒家知识分子治学的基础,王阳明自己的小学功底就非常精深。所以如果从训诂的角度来看他这段话,可能会别开生面,另有蹊径。

既然训诂,就要看他话语中的关键字。首先,"汝未来看此花时,此花与汝心同归于寂",其中的关键字是"寂",寂寞的寂。

寂,从宝盖头,这个"宀"读 mián,最早是房子的意思。但曾有人质疑过"家"这个字,说房子下面为什么是头猪呢?中国人不是讲"家国天下"嘛,房子里头应该有夫妻、父母子女啊。

一般解释"家"字时常说房子里驯养猪,是家庭财富的象征,但事实上,远古造字之初,还没有麦兜那么温顺的被驯养的猪。"家"字的字根"豕",读作 shǐ,"狼奔豕突","豕"是野猪的意思。牛羊猪是什么?是三牲,用于祭祀。牛羊猪合祭,叫"太牢"。没有牛,只有羊和猪,叫"少牢"。没有牛羊,只有猪,这叫"特牢"。"太牢""少牢""特牢"代表三种祭祀的方式。

在远古时期,相比较于牛羊,野猪大概是最难捕获的,因为野猪很凶狠,很恐怖。在很多民族早期的神话里,比如说古希腊神话、古罗马神话,包括北欧神话中,野猪都是极其恐怖的。事实上,很多神话中的英雄不是战死在特洛伊城下,而是被野猪拱死的。子路第一次去拜孔子为师,头上要插两根野鸡毛,腰间要别两根野猪牙,代表孔武有力。

身为"甲骨四堂"之一的郭沫若先生曾考证说,"家"这个字体现了早期先民的祭祀文化。原来,最早的房子不是给人住的,而是部落祭祀的场所和开部落会议的场所。所以"国之大事,惟祀与戎",排第一位的是祭祀,第二位的是战争。祭祀中要用到猪,所以早期的这种祭祀形式叫作"家祭"。陆游临终有一句名言:"王师北定中原日,家祭无忘告乃翁。"所以这个宝盖头,它其实指的是祭祀的场所。

"寂"字下面的字根是"叔",甲骨文中"叔"的原意是用手去捡拾一个豆器,也有一种说法是用手去捡一根木杖。豆器原是食器,后来成为祭祀中一种很重要的礼器。木杖,则是祭祀中常用的法杖。

那么,祭祀中什么时候要去捡拾豆器或木杖呢?

先来看"寂寞"这个词。"寂"和"寞"经常被放在一起。"寂寞"的"寞"也是宝盖头,字根"莫"的甲骨文形状是上下四角有四棵草,喻指草丛,而草丛中间有个太阳,这是指太阳落山了,落到草丛中去了。所以,"寞"是"薄暮"的"暮"的本字,指太阳落下去了,也就是傍晚时分。

太阳落下去，代表了什么？最早的人类崇拜大多都是光明崇拜，太阳落下去说明祭祀已完成。祭祀完成，神灵退去，然后要收拾祭祀的器物。这种状态，就叫作寂寞。

古人认为，失去了心中的价值归属与核心价值崇拜，人的精神没有了依托，这才叫作寂寞。

所以，"汝未来看此花时，此花与汝心同归于寂"。王阳明用的这个关键字，其实很有讲究。

其次，"汝来看此花时，此花颜色一时明白起来"。那么，花有颜色吗？

有人说，当然有颜色。玫瑰、百合、郁金香……当然各有其颜色。

真的是这样吗？其实，这些花都没有颜色，只是在你眼中有如许的颜色。比如在狗的眼中，玫瑰就不是红色，也不是蓝色或粉色的。狗只能看到两种颜色，要么是灰色，要么是黑色。因此，所谓五彩缤纷，其实是花在我们眼中形成的光谱反应，而不是花本身有这种颜色。不论是红花还是绿叶，都是因为人眼的构造，因光谱反应，从而形成所谓的颜色。

所以,"此花颜色一时明白起来",就说得大有玄机。

什么叫"明白"?"明",甲骨文很明确,日月相合,会意为"明"。"白"是什么?"白"不是白色,在甲骨文中,"白"字是一口多舌的意思,即一张口里有很多舌头,形容一个人在极尽表达,反复陈说。我们要表达一个人特别能说的时候,用俗语讲,就是他很能"白话"。"白",就是说的意思。但为什么要极尽阐释呢?巫者,理解了神的意志,要告诉部落的部众,要把神的意志告诉大家,要把那种价值告诉大家。这叫作"白"。在光明的崇拜里,把神的意志,把部落的精神归属,把这种价值,反复陈说,宣示给所有人,这就是"明白起来"。

关键字词一旦训诂明白,我们就明白了王阳明说的"心外无物"是什么。王阳明不是在说"存在即被感知",他说的是一种价值存在。

王阳明的这一观点似乎像极了贝克莱的观点"存在即被感知"。看见花时,感觉到了,花就存在;没有看见时,感觉不到,花就不存在。但是,两者有关键的区别:贝克莱是要通过"存在即被感知"这句名言解决认识论问题,到最后为了保证物的存在,贝克莱不得不搬出上帝来保证外物的存在。王阳明则不同,其"心外无物"说的是意义问题,和维特根斯坦的"世界的意义在世界之外"近似。也就是说,"心外无物"是指心乃生发意义的源泉,如不"致良知",外在世界尽管五彩缤纷,但对我而言毫无意义。

现在我们知道了,花存在不存在是一种纯客观存在,学生问的是一种物理存在,但王阳明回答的却是一种价值存在。

心外无物是一种价值存在。

简单地斥之为主观唯心主义,是不了解王阳明说这番话的出发点所在。我们也不要以为价值存在就小,物理存在、客观存在就大,事实上,从哲学的角度来看,价值存在是包含物理存在的。

举一个鲜明的例子,量子物理学中特别有名的一个思想实验,叫"薛定谔的猫",这是由奥地利物理学家薛定谔提出来的。

薛定谔想象的实验是这样的：

一只猫被封在一个密室里，密室里有食物有毒药。毒药瓶上有一个锤子，锤子由一个电子开关控制，电子开关由放射性原子控制。如果原子核衰变，则放出阿尔法粒子，触动电子开关，锤子落下，砸碎毒药瓶，释放出里面的氰化物气体，猫必死无疑。原子核的衰变是随机事件，物理学家所能精确知道的只是半衰期——衰变一半所需要的时间。如果一种放射性元素的半衰期是一天，则过一天，该元素就少了一半，再过一天，就少了剩下一半的一半。物理学家却无法知道它在什么时候衰变，不知上午还是下午。当然，物理学家知道它在上午或下午衰变的概率——也就是猫在上午或者下午死亡的概率。如果我们不揭开密室的盖子，根据我们在日常生活中的经验，可以认定，猫或者死，或者活。如果我们用薛定谔方程来描述薛定谔的猫，则只能说，它处于一种活与不活的叠加态。我们只有在揭开盖子的一瞬间，才能确切地知道猫是死是活。

在量子物理环境下，那只猫的生或者是死取决于观察者的意识投射。你哪怕看它一眼，都能决定它的生和死。

没有观察者的意识投入,那种客观物理存在就永远无法确定。

再从逻辑上来看,价值存在同样包含物理存在。

我们常问:宇宙是什么样的?世界是什么样的?世界一定是我们现在通过科学所了解的那个样子吗?亚里士多德的时代,大家认为宇宙是以地球为中心的。到了哥白尼的时代,从地球中心说突破到太阳中心说。从哥白尼的时代再到开普勒三定律,再到牛顿三定律,我们知道太阳也不是宇宙的中心。再到爱因斯坦,再到玻尔,再到如今飞速发展的量子物理学,我们发现我们所了解的、所以为的宇宙客观存在,都在不停地被超越。

如果我们所说的客观物理存在就是我们现在科学所研究的那个样子,那就证明物理学再也不可能超越,再也不可能发展了。而人类的科学史告诉我们,未来的科学一定会超越现在的科学。这也从逻辑上证明了,所知的、现在的、绝对的、客观的物理存在,也肯定不是绝对的、客观的物理存在,所有的存在,都离不开人类意识的参与。这恰恰又证明了王阳明的心外无物。

所以从训诂学角度看，王阳明的心外无物，即万事万物只有人类意识参与时才能明白，我们可以看到王阳明说的存在是一种价值存在。从量子物理学解读，则证明了王阳明心外无物的价值存在是超越物理存在的。从逻辑学也同样可以证明，王阳明的心外无物是一种更大境界的存在。

因为有了这种价值存在，"心即理"的终极判断才可能促成心灵的解放。一切认知不再是被动的、机械的接受，而是主动的、有意义的探求。人生，也因此有了一个价值出发点，而成长，才因此获得价值支撑。

这一点非常重要，王阳明龙场悟道，首先悟到的是心即理，是心外无物，这为他的心学大厦奠定了一个庞大而坚实的基础。有了心外无物这个基石，才有后面的知行合一，才有最终的致良知，才有整个心学的大智慧。

三、心学的正能量

王阳明龙场悟道，悟出心即理、心外无物，悟出"圣人之道，吾性自足"，伟大的阳明心学就此横空出世，震惊了五百年以来的华夏文明史和思想史。

但是,对于王阳明的龙场悟道,也有人怀疑,甚至质疑。

有学者以为,王阳明在半夜风雨大作之时纵声长啸,这种大彻大悟的情状不过就是佛家的禅悟而已,禅宗讲究顿悟也是这个样子。

也有人说,王阳明的龙场悟道不过就是道家的"独与天地精神往来"。

还有人说,王阳明龙场悟道的本质,就是儒家孟子思想和陆九渊精神的一种碰撞而已。

甚至还有人说王阳明之所以龙场悟道,会从石棺里大叫着醒来,是因为他长期失眠、精神极度压抑以致产生幻觉。

各种质疑,各种说法,不一而足,议论纷错。

其中,最具影响的说法就是"心学本质上就是佛家的禅悟之学",而且后来阳明心学盛行之时,也正是明代中后期枯禅思想盛行之际。因为后人每每把心学与禅悟混淆,在这里,有必要还心学一个本来的面目。

我们说阳明心学完全不同于佛教的禅悟之学,主要有两个理由。

第一个理由,从既往的表现来看,王阳明虽然是学贯儒、释、道三教,也曾经在佛家、道家中苦苦追寻,但他在经历了龙场贬谪的厄运之后,便同佛、道两家分道扬镳。甚至可以说,龙场贬谪之前就可见出端倪。

王阳明的好朋友湛若水曾评价王阳明开辟心学之前有"五溺"之说,其中"四溺于神仙之习,五溺于佛氏之习",就是说他曾经在佛、道两教中追寻良久。事实上,王阳明也确实在会稽山学道学了很长一段时间,甚至略有道教的神通,但他后来反省后彻悟,感慨道教术法都是"簸弄精神,非道也"。

至于对佛教的超越,就更明确了。他曾在杭州大慈山虎跑寺点醒已面壁三年的神僧,用儒家的亲情伦理来破除佛家的顽空虚寂。

弘治十七年(1504),王阳明主持山东乡试,所出考题为:"佛、老为天下害,已非一日"(《山东乡试录》)。古代的乡试就相当于现在的高考,王阳明也曾经是高考命题人与负责人。那时的高考作文题,往往须切中时弊。如今,每年高考之后,大家对高考试题都非常关注,有各种评论。但现在的高考试题，却往往缺少思想的内涵和对价值的深入追求。

而主持山东"高考"的王阳明，其所出考题的主旨却是极为鲜明的。钱德洪《阳明先生年谱》提及王阳明的这段经历时更为明确，说王阳明的观点就是"老、佛害道，由于圣学不明"。就是说，佛、老之习已经害了圣学，圣学就是儒学。由此可见，王阳明的观点非常鲜明，极具批判性。

所以说，王阳明在龙场悟道之前，不论思想上还是行为上，都表明了他儒家正宗的姿态，表明了与佛学、道教的道途不同。唐以来，真正的思想大家在这一点上都是界限分明、立根分明的。

比如王阳明在宜春台上所追思的韩愈。苏东坡之所以称韩愈"文起八代之衰，道济天下之溺"，不仅是因为他领导了古文运动，更是因为他坚持儒家正统。韩愈为什么"夕贬潮阳路八千"？为什么"雪拥蓝关马不前"？为什么被贬到潮州去了呢？就是因为他写了一篇《谏迎佛骨表》。韩愈的思想和王阳明其实是一样的，就是说佛、老为天下害，导致圣学不明，且韩愈旗帜鲜明地举起了儒家道统大旗。

宋代文坛真正的领袖，像范仲淹、欧阳修，一直到苏东坡，都是坚持儒家正统。苏东坡和王阳明一样，是贯通儒、释、道三教的，尤其是佛教。苏东坡阅读过大量佛学经典，再加上他和佛印等很多大德高僧是好朋友，所以佛理精湛。但是，有一个细节特别有说服力，特别能说明这一类知识分子的人生取舍。

周煇《清波杂志》中记载，苏东坡晚年从海南流放回来，住在常州，最后病死在常州。苏东坡的好朋友钱世雄也是一个居士，帮助他在常州租房。

临终之前，钱世雄和惟琳方丈在苏东坡床边为他送终，惟琳方丈对苏东坡说："端明宜勿忘西方。"

"端明"就是指苏东坡，苏东坡曾任端明殿学士。惟琳方丈是在提醒他，生命将尽，不要忘了去西方极乐世界。

回光返照之际，苏东坡提起一口气，微笑着说："西方不无，但个里著力不得。"

什么意思？我尊重佛门所云有所谓西方极乐世界，但那不是我要去的地方。我是一个儒生，我的人生取舍另有所在。

钱世雄急忙说:"固先生平生履践至此,今此更须著力。"平常您不是喜欢谈佛学,跟许多大德高僧不都是好朋友吗,怎么最后不去西方极乐世界?

苏东坡最后提了一口气,说出四个字:"著力即差。"然后声绝而逝。

这说明什么?说明了苏东坡作为一个儒生最后的立根选择。

只是因为苏东坡朋友特别多——他的朋友圈可以称得上是天下最大的朋友圈,也是最具有包容精神的朋友圈,三教九流都是他的好朋友,所以他表面上并不像韩愈那样剑拔弩张,但是他内心始终有坚守——儒家正宗的坚守。

王阳明就像韩愈。他虽然与苏东坡一样三教贯通,但是他在龙场悟道之前就明确表明了与佛教分道扬镳的姿态。因此,从龙场悟道之前的既往表现来看,王阳明的大彻大悟也不可能是佛教的禅悟。

第二个理由,从龙场悟道之后的表现来看,王阳明的大彻大悟也与禅宗的顿悟大不相同。

佛教顿悟后，讲求的是放下；而王阳明龙场悟道后，追求的却是拿起。

一个是放下，一个是拿起，这是佛学与心学在处世与处事态度上的根本区别。

佛教最后求的是解脱，故而要放下；心学最后求的是担当，终究要拿起。

当然佛教又分小乘佛教、大乘佛教，这个"乘"就是运载的意思，就是载着你去彼岸。小乘佛教纯粹讲个人解脱，大乘佛教则讲慈悲为怀，为天下人，但是落实到最后依然是求解脱，求放下。

唐代《高僧传》里记载，有个人叫齐君房，是一个儒生。这个人命不好，四十多岁之前，虽然也有才，但是命运坎坷，到哪儿都干不成事，经常穷得没饭吃，寄人篱下，流离失所。一次走到一条河边，已饿了好些天，困顿得要命。突然之间，河边有一个梵僧见到他打了声招呼，说："法师秀才，你飘零游荡的滋味受够了没有？"

齐君房一愣，这个陌生人居然知道我的人生，还确实说到了我的痛处！齐君房一声长叹说："是啊，真是受够了这么多年飘零游荡的苦滋味。不过，你叫我秀才我可以理解，我头戴方巾，一眼就可以看出来了，可你怎么还叫我法师？我又不是和尚。"

那和尚一笑，说："你是否还记得当年在同德寺讲《法华经》的事情？"

齐君房一听就更加迷惑了，说："不才虽然满腹才学，也读佛经，但我四十五年来一直困顿于吴楚之地，从来没去过洛阳。同德寺在洛阳，我什么时候在同德寺讲过《法华经》？"

和尚一笑："你呀，大概是饿糊涂了。"

然后，和尚就掏出一个大枣来，这个枣子有巴掌大。

枣子，在中国文化里是很神奇的，先秦时诸侯国之间送礼物，很多时候不是送金银珠宝，而是在一个精美的盒子里放一颗枣子，因为民间饥荒的时候主要靠枣子来救命。

齐君房就把这颗枣子吃了。吃下之后，浑身通泰舒适，也不再觉得饿，但困意随之而来。于是，齐君房趴在河边的大石头上睡了一觉。一觉醒来，他突然热泪盈眶，大彻大悟。

这就是禅宗的顿悟，放下屠刀可以立地成佛，吃下大枣也可以立地成佛。顿悟就是给你一个契机，这个契机可以把识界的障碍突然点破，一旦点破，人就会大彻大悟。

表面上看，这与王阳明睡在石棺里面突然在电闪雷鸣中大彻大悟似乎很像，但实质却大不相同。

齐君房大彻大悟后削发为僧，完全放下自己人生的困顿、屈辱、悲哀，且是全部、彻底地放下。他当年才大如海，做了一代高僧之后，学问更愈发高深，但他此后几乎不开口说话——放下就是把以前、把言语全都放下，只是临终之际揭示了几句禅机很深的话，预见到后来的唐武宗灭佛。

从齐君房的人生可以看到，佛家讲求的正是大彻大悟之后的放下。不要说这样的真和尚了，《红楼梦》里的贾宝玉最后是什么结局？高鹗续写的结局中，第一百二十回里，贾宝玉最后是出家了。虽然有人对此质疑，说贾宝玉的结局主要有三种，但学术界一般认为，宝玉最后出家应该是符合曹雪芹的原意的。宝玉最后出家时，对着贾政拜了几拜，贾政追出来的时候，只见一僧一道，夹着宝玉已经飞奔而去，一边跑一边听到三个人里头不知谁在唱——"谁与我逝兮，吾谁予从？渺渺茫茫兮，归彼大荒。"

这真是"落了片白茫茫大地真干净",从哪儿来归哪儿去,然后就把世间的一切全都放下了,这就是佛教的大彻大悟。

但王阳明龙场悟道后的大彻大悟又是什么?

王阳明在龙场考虑生死问题,考虑人生的终极问题,考虑一直困顿着他、迷惑着他的种种问题,甚至想圣人处此境地该当如何?等到一朝破解,迷惑尽除,如果真是禅悟的话,一放下就应该云游四海去,连龙场驿丞也不用当了,但如果他此时能如此放下,那么他当年在武夷山中也早已放下了,而不会潜回南京找父亲王华,更不会一路向黔,来到龙场了。

据《阳明先生年谱》和各种史料记载,王阳明龙场悟道之后的第一个表现,就是着手写了本书,叫《五经臆说》。贵州龙场在万山丛棘中,蛇虺魍魉,王阳明手边一来没有书,二来也没资料,却写了本著作。因为要拿起,而非放下,所以才会去诠释五经——这就是他为什么会写下这本《五经臆说》的原因。所谓"臆说",其实正是"六经注我"的豪情。

第二个表现就更有意思了。王阳明悟道之后,立刻从那个穴居的石洞里出来,居然开始重构并重建"何陋轩建筑群"。

之所以叫"建筑群",是因为除了何陋轩之外,他又建了一个更大的堂屋,取名"宾阳堂",又在何陋轩前建了一个亭子,取名"君子亭"。至于为什么如此取名,王阳明专门写了《君子亭记》与《宾阳堂记》。其中,《宾阳堂记》文曰:

> 传之堂东向曰"宾阳",取《尧典》"寅宾出日"之义,志向也,宾日,义之职而传冒焉,传职宾宾,义以宾宾之寅而宾日,传以宾日之寅而宾宾也。不曰日乃阳之属,为日、为元、为善、为吉、为亨治,其于人也为君子,其义广矣备矣。"内君子而外小人",为泰。曰:"宾自外而内之传,将以宾君子而内之也。传以宾君子,而容有小人焉,则如之何?"曰:"吾知以君子而宾之耳。吾以君子而宾之也,宾其甘为小人乎哉?"为宾日之歌,日出而歌之,宾至而歌之。歌曰:

> 日出东方，再拜稽首，人曰予狂。匪日之寅，吾其怠荒。东方日出，稽首再拜，人曰予愈。匪日之爱，吾其荒怠。其翳其晴，其日惟霁；其昀其雾，其日惟雨。勿怵其昀，倏焉以雾；勿谓终翳，或时其晴。晴其光矣，其光熙熙。与尔偕作，与尔偕宜。倏其雾矣，或时以熙；或时以熙，孰知我悲！

原来，宾阳堂的朝向是坐西朝东，也就是朝向太阳升起的方向。"宾阳"取自《尚书·尧典》的"寅宾出日"，意谓恭敬地迎接太阳的升起。

王阳明说的到底是什么意思呢？他到底要迎接怎样的太阳？一篇小小的《宾阳堂记》为什么写得如此大气磅礴，又荡气回肠？甚至最后还要铭歌以志，慨当以慷！

原来这样的《宾阳堂记》是要和《君子亭记》，还有前此所作的《何陋轩记》放在一起通读。王阳明居于何陋轩中，取孔夫子"何陋之有"之意。前有君子亭，迎向学之君子至此；侧有宾阳堂，教化君子，如日之升。

于是，何陋轩前拥君子亭，侧依宾阳堂，它们合起来有了一个名垂史册的共同的名字——

龙冈书院！

一朝悟道，王阳明不仅不像佛门弟子那样四大皆空，反而举手投足间就干了一件大事。这个简陋的龙冈书院，对于贵州文化史与教育史来说，可谓是浓墨重彩的一笔。因为——

> 黔中之有书院，自龙冈始；龙冈之有书院，自阳明先生始。（《贵阳阳明祠阳明洞碑刻拓片集》）

原来，此前的贵州，地属荒蛮，没什么正式的学校，尤其没有能代表儒家精神的书院。因为王阳明的龙冈书院，贵州自此才算有了标准的儒家书院教育。据明代的《贵州通志》记载以及学者考证，在整个明代，贵州总共建有四十多座书院，主要建于嘉靖和万历年间，多是由王阳明的弟子或再传弟子继承了龙冈书院的遗志而造就。

所以，小小的龙场，不仅是阳明心学的诞生之地，也是贵州教育史与文化史的奠基之地。

书院虽然建了起来，可在这如此偏僻的龙场，哪来的学生？哪来的"君子"？谁会来听课呢？

建了书院就要招生。对于招生，王阳明信心满满。他主动邀请当地的苗族、彝族，甚至还有仡佬族这些少数民族的朋友去他的书院听课。

相处了一段时间，当地的少数民族都知道王阳明是好人，但他突然搞了一个书院——少数民族兄弟们可搞不清楚书院是什么，上课又是怎么回事。大家都很紧张，就在一起开部落会议，商量到底该不该去。

有的人说王阳明这个人还是很不错的，平常还跟我们对山歌，人也非常和气，教我们这个，教我们那个。有的人说王阳明有时候神神叨叨的，看他坐在树林子里的一块大石头上面，喃喃自语不知道在说什么，听说还天天躺在石洞的石棺里头。不过，当地的少数民族兄弟最终还是带着一颗亲近的心，去到了王阳明的书院。

王阳明的弟子曾经考证，当时到龙冈书院求学者，不仅有来自中原的汉人，还有很多少数民族，像苗族、彝族、仡佬族，都来到了书院。这一下，一传十，十传百，引得更多的人甚至长途跋涉来龙冈书院听王阳明上课。

据《贵州通志》记载，龙冈书院一时间名声大噪。火到什么地步呢？所谓"士类感慕者云集听讲，居民欢聚而观如堵焉"，居然成为当时一大景观。

十五岁时逃学的王阳明，曾在自己的偶像丁谦的塑像前说出"赤手挽银河公自大名垂宇宙"，如今他也像他的偶像一样，赤手空拳，凭着心学的力量，改变着这一方天地。

王阳明虽然"赤手"建书院，且龙冈书院又简陋至极，但他仍教得有模有样。

首先，王老师不仅讲学，还组织考试。他的《试诸生有作》一诗写的就是考试后愉悦的心情。

王老师不仅教学，还进行"教改"。他的《春日花间偶集示门生》诗云：

闲来聊与二三子，单夹初成行暮春。
改课讲题非我事，研几悟道是何人？
阶前细草雨还碧，檐下小桃晴更新。
坐起咏歌俱实学，毫厘须遣认教真。

所谓"改课讲题非我事,研几悟道是何人?",调侃之语中透露出他在教学上的用心。

王老师不仅是一线教师,还是教务长,还是王校长,他亲自拟定的"学生守则"《教条示龙场诸生》十分著名,开篇有云:

> 诸生相从于此,甚盛。恐无能为助也,以四事相规,聊以答诸生之意。一曰立志,二曰勤学,三曰改过,四曰责善。其慎听毋忽!

以"立志、勤学、改过、责善"四事相规,这是王老师、王校长对诸生从学之意、受教之情的报答,悟道后的阳明先生,通透、淳厚得让人动容。

这就是心学的大境界,是进退裕如、发而中节、中和笃定的"良知"之境。

一天课后,阳明先生与学生夜坐,并作长篇《诸生夜坐》诗,诗的最后,他发自肺腑地感叹:

> 讲习有真乐,谈笑无俗流。
> 缅怀风沂兴,千载相为谋。

这是王阳明第一次深切地感慨讲习、讲学有真乐、有至乐，这一声感慨注定了，他的余生，不论有多大的事功都——最爱是讲学！

所以他思接千载，仿佛就在"浴乎沂，风乎舞雩"的侍坐现场。所以自孔子而下，王阳明可以算是儒家最好的老师之一，这也注定了王阳明的心学能在千年后"拨乱反正"，真正传续孔子儒学的精神真谛。

传续也是一种担当，教育更是一种胸怀。在心学的大境界里，除了大快乐，更有大智慧。那种即将登场的大智慧，就叫——

知行合一！

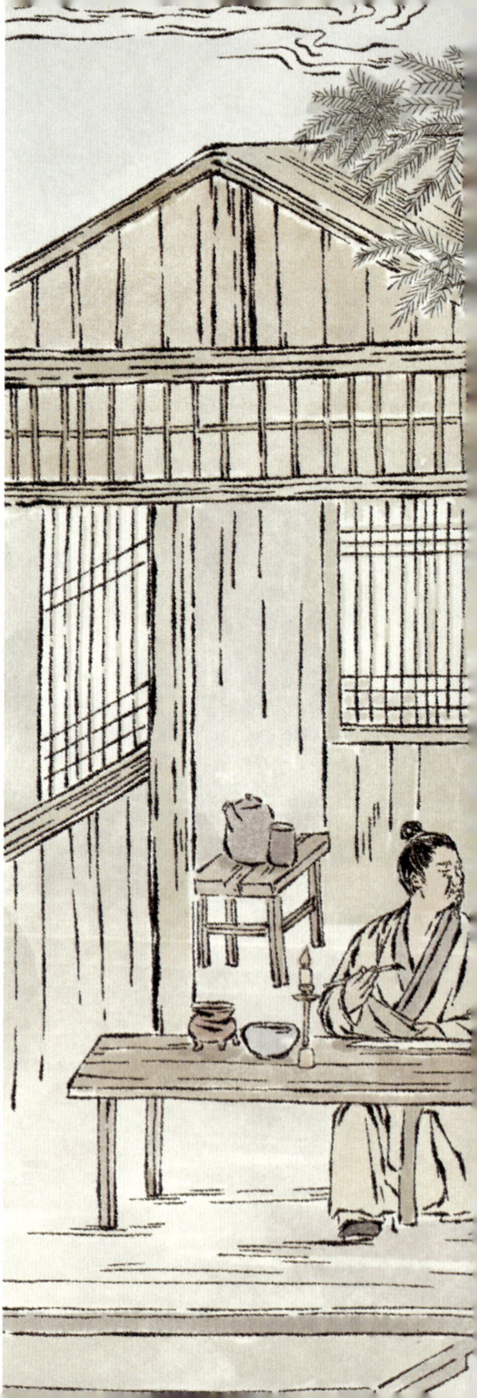

第六章 知行合一

《夜宿汪氏园》

小阁藏身一斗方，夜深虚白自生光。
梁间来下徐生榻，座上惭无荀令香。
驿树雨声翻屋瓦，龙池月色浸书床。
他年贵竹传异事，应说阳明旧草堂。

立身，不过方寸；俯仰，无愧天地。

一个人最大的自信，不在世人对自己的评价，而是在千秋史册中，对自我传续文明薪火的使命与价值，有着清醒而准确的认识。

自信人生二百年，会当水击三千里！

五百年来，谁不在说心学？谁不在说"阳明旧草堂"？

一、气场

王阳明的龙场悟道绝非佛家的禅悟,阳明心学也绝不同于明代中后期的狂禅,这是极需明辨的。

除了佛家讲放下、讲四大皆空,而心学讲拿起、讲社会担当的本质区别外,在处世与处事的风格上,两者也有本质上的不同。

因为放下,因为四大皆空,所以佛门处世向来圆融。因为担当,因为要兼济天下,心学的风格则是犀利而气场十足。这一点在龙场悟道后王阳明自身的表现上就可看得格外分明。

王阳明悟道之后,也可谓是"赤手挽银河",在贵州的群山僻壤中一手创建了龙冈书院,为贵州的教育史与文化史开辟了新的纪元。龙冈书院一时名声大噪,《贵州通志》记载,甚至到了"士类感慕者云集听讲,居民欢聚而观如堵焉"的地步,可谓盛况空前。但树大招风,王阳明书院讲学,不知不觉间惹恼了一个人。

这个人就是前此提到过的思州知州,即当地的行政长官。

按照道理，王阳明虽是被贬谪，但既然有龙场驿丞之职，思州知州就应该为之提供日常所需，但这位思州知州实乃官场小人，知道王阳明是得罪了权势通天的刘公公才被"流放"至此，所以巴不得王阳明在龙场自生自灭。现在听说王阳明不仅置之死地而后生，而且还办了一个龙冈书院，竟还办得风生水起，可谓是轰动一时，这个官场小人便怒了。

他也不正大光明地找茬，而是暗中使坏。他找来一帮手下，让他们扮成地痞流氓去看看王阳明在龙场那儿搞的书院到底是做什么的。说得好听，是去看看，其实就是派了一帮人去砸书院的场子。

必须说明的是，如今世人常说王阳明立德、立功、立言三不朽，尤其是平南赣匪患、平宁王之乱、平广西匪患，事功一时无两，但王阳明其实并不喜欢打仗，他自己后来反复说，他最喜欢的事就是讲习，就是上课、教学。

王阳明喜欢上课到什么地步呢？他是唯一常把课堂带到战场的老师。后来因为他经常到各地打仗，就把很多弟子带在身边，只要有空档，就给学生上一课。讲学、上课是王阳明最大的爱好,所以他讲课讲得特别好。

野史记载说,有一天晚上王阳明家来了一个小偷,结果被他发现了。王阳明的功夫很好,年轻时曾"溺于任侠、骑射",身手自是不凡,不费吹灰之力就把小偷抓住了。小偷吓得要命,哀求他饶了自己。按照一般人的做法,应该直接将小偷扭送到官府,而王阳明却点起灯来,给小偷上课,讲了一夜,讲得小偷当即发誓要洗心革面。

王阳明的理想其实是要做一个像孔子那样的好老师,去改变人心,而不是去沙场征战建立所谓卓著战功。他的理想是要做圣人,圣人就是要风行草偃,要感化人心。所以他悟道之后,挺身入局,做的第一件大事就是开创龙冈书院,可见书院与讲学对于此时的王阳明来说,是人生寄托所在,其重要性不言而喻。

这一天,王阳明正在书院里讲课,师生齐聚一堂,其乐融融。王阳明课讲得特别好,特别生动,连还听不太懂汉话的少数民族兄弟都能被他吸引,都能听得津津有味。

但正讲到一半,一帮凶神恶煞的小混混冲了进来,张口便呼喝:"哪个是王守仁?"

直接称其本名，毫无尊敬之意。

王阳明一看，来者不善！但他端坐在杏坛之上，丝毫不为所动，只是沉声问有何事。

小混混们嚣张地叫嚣，你个小小的龙场驿丞不得了了？到了龙场这么长时间，拜见过长官了吗？居然在这儿搞一个书院。弄这么多人干什么呢？非法聚众啊？

这些人飞扬跋扈惯了，以为王阳明不过一个贬谪的驿丞，不能拿他们怎么样，但说着说着，小混混们突然发现情势不对。为什么呢？那些苗民、彝民孔武有力，看到一帮流氓来书院捣乱，根本不用吩咐，上来一顿乱拳就把小混混们打得哭爹喊娘，狼狈逃窜，跑回去了。

思州知州气坏了，立刻告了王阳明一状。他到哪儿去告状呢？状告到了贵州的按察司。

思州知州虽然是行政长官，但驿丞并不归他管。我们经常把驿站当成招待所之类，以为归县政府管辖，其实明代并非如此。除兵部主管外，明代边地驿站亦属按察司管辖，按察司在明代相当于地方纪检系统，包括检察、纪检等部门当时都属按察司。所以，思州知州就告到了贵宁道按察司，告到了按察提学副使毛科那里。

按察提学副使相当于贵州省的副检察长兼教育厅厅长，权势很大。毛科工作十分踏实，听说龙场有个叫王阳明的驿丞，居然把上级官员派去视察的手下给痛打一顿，这可是不得了的事。但他也不贸然做决定，而是亲自跑去龙场驿调查，去见王阳明。

思州知州告了黑状，王阳明也不辩解。毛科来了，王阳明便落落大方地与其一叙。一番交谈之下，毛科觉得王阳明的学问不得了，见识尤为不凡，还在这不毛之地搞了一个龙冈书院，便更觉感慨，甚至心生赞佩。

但是，他毕竟是来解决问题的。于是毛科嘱咐王阳明说，大明官场等级森严，你只是一个驿丞，人家可是思州知州。明代地方府、州、县三级，虽然边远地区的知州就跟知县差不多，但毕竟也是地方长官。打了人家的人，就等于打了人家的脸。思州知州说了，你不去他衙门给他磕头道歉，他肯定没完。现在呢，我看未必非得要磕头道歉，但好歹也得写封信给人家好好解释解释吧。说罢，毛科就回去了。

毛科回到贵阳之后，过了两天就接到王阳明的信。他以为是王阳明的道歉信来了，结果打开一看，根本不是写给思州知州的，而是写给他的。从这封信可见王阳明之文采斐然。就着毛科的话，王阳明说：

> 跪拜之礼，亦小官常分，不足以为辱，然亦不当无故而行之……凡祸福利害之说，某亦尝讲之。君子以忠信为利、礼义为福。苟忠信礼义之不存，虽禄之万钟，爵以侯王之贵，君子犹谓之祸与害；如其忠信礼义之所在，虽剖心碎首，君子利而行之，自以为福也，况于流离窜逐之微乎？某之居此，盖瘴疠蛊毒之与处，魑魅魍魉之与游，日有三死焉。然而居之泰然，未尝以动其中者，诚知生死之有命，不以一朝之患，而忘其终身之忧也。大府苟欲加害，而在我诚有以取之，则不可谓无憾；使吾无有以取之而横罹焉，则亦瘴疠而已尔，蛊毒而已尔，魑魅魍魉而已尔，吾岂以是而动吾心哉！（王阳明《答毛宪副》）

这段话讲得不卑不亢，全都点在关键上。大意是说，按照官级，我给知州磕头，这不算什么。因为按照明代官场的规矩，低级官员见高级官员是要行磕头礼的，包括同级的武官见到同级的文官都要行磕头礼。后来海瑞就是不喜欢磕头，才冒了官场之大不韪。王阳明说，这不算为辱，这是当下的常情，但是也不应该无故做这样的事情。就此事而言，他派了一批流氓喽啰来砸场子，我并没有唆使什么，是当地的苗民看不下去，把他们痛揍了一顿。我们读书人遇事，关键不是看其中的情由谁对谁错，而是要看道理谁对谁错。讲到最后，王阳明其实是说了一句狠话：我连刘瑾都没跪过！我作为一个士大夫，在与宦官集团的斗争中，发出最后一声呐喊，被刘瑾廷杖四十，关进诏狱，又被锦衣卫追杀，然后千里流放到龙场驿这个地方，我不仅在这儿挺直了脊梁、挺直了腰板，还悟出了我的心学。我连刘瑾这样权势熏天的家伙都没跪过，一个小小的知州仗势欺人，我惧他何来！

字里行间，大义凛然，毛科也为之深深折服。

毛科接下来居间调停。这封信虽然表面是写给毛科的，锋芒却是直指知州本人。想来思州知州也看了信，所谓欺软怕硬，面对王阳明犀利的风格、强大的气场，思州知州心下不免嘀咕：看来这个王阳明是个惹不起的角色，自己好歹一知州，他一驿丞，到最后两个人搅上朝廷去，算什么？万一还给人留下话柄，反而还惹一身膻。

思州知州其实就是怕了，这说明王阳明已经把这种小人的心理揣摩得清清楚楚、明明白白。

所以你看他一封信就解决了棘手的问题，这就叫"笔落惊风雨"，后来即使在战场上，王阳明也往往是一封书信便能扭转乾坤。

除了明面写给毛科、实质针对思州知州的这封信，另外还有两封信也能见出王阳明日趋犀利的风格。

因为连思州知州也吃了哑巴亏，王阳明和龙冈书院在贵州当地更是名声大振。

这就引起了另一个头面人物的关注，此人就是手握当地军政实权的土司——水西宣慰使安贵荣。

安贵荣听说王阳明才学很大，名气更大，连思州知州都栽在他手里，真是个人物，便想结交一下，特意派人将金银珠宝、米粮酒肉送到龙场来。

王阳明一看，淡然一笑，告诉来人说，龙场这个穷乡僻壤，金银珠宝无用武之地，所以，米粮酒肉我留下，金银珠宝请拿回去。

安贵荣一看,收了米粮,收了酒肉,说明这位阳明先生还是愿意交我这号朋友。

过了两天,安贵荣就写了封信给王阳明,说咱们算是朋友了,我有个事想请教一下先生是该做还是不该做。贵州这偏僻之地共有九个驿站,即所谓龙场九驿,好多都荒废了。像龙场驿,在您来之前这个地方就彻底荒着。荒着等于什么都没有,还不如把这些驿站裁撤了,这样您也就不用当这个小小的、连品级也没有的龙场驿丞了。我想向朝廷申请一下,先生以为如何?

王阳明当时就回了一封信,毫不客气地质问安贵荣说:你这是意欲何为?你一个小小的水西宣慰使就想裁撤朝廷的驿站?不过就是觉得翅膀硬了,想试探一下朝廷。但是,你知道驿站对于国家来说,有多大的作用吗?它几乎就是国家四通八达的网络系统。

在封建集权的时代,中央靠什么控制地方?就靠它的郡县制度!在公路网的设计上,主要就是靠驿站。驿站就相当于一个王朝或政权的神经网络与触角。你动驿站,你想裁撤驿站,那不就是试探中央吗?一旦这个意图上达天听，皇帝雷霆大怒，你一个小小的水西宣慰使，承受得了吗？

安贵荣读了王阳明的回信，惊出一身冷汗。他平日里山高皇帝远，土皇帝做久了，野心实在有点膨胀，老想搞出些事来试探一下朝廷。他也不是不明白这个道理，这事也确实不靠谱，但是，在这穷乡僻壤，他的野心再怎么膨胀，旁边也没人敢说他什么。

但是彻悟心学之后的王阳明可不是什么旁人，上来二话不说，直接就把他的这点小野心点破了。

梁启超的《中国历史研究法》里曾经有一句很经典的评判跟明代的驿站有关。他说："明亡于御史毛羽健。"

为什么说明亡于毛羽健呢？这为何又与驿站有关？

原来，当时京城有个御史叫毛羽健，湖北人，家眷也都在湖北老家，但他在北京悄悄娶了一房小妾。

毛羽健的老婆很厉害，是个极其泼辣的"母老虎"。有一次他正跟小妾厮混，老婆突然冲进来把他痛打一顿。毛羽健痛定思痛后开始琢磨：自己老婆明明在湖北老家，怎么突然就跑到北京来了？

想来想去，他觉得原因就出在驿站上。官员家属通过驿站很快就可以从外地来到北京，现在即便把她送回老家去，哪天她又通过驿站跑来，那可如何是好？

反思之后，毛羽健居然向朝廷建议裁撤驿站。崇祯皇帝开始也没搭理他，但也没想清楚这事。

毛羽健又去刑部找自己的好友——影响力更大的刘懋。两个人联名上疏，劝崇祯皇帝说，裁撤驿站可以省下很多费用，省下的费用可以用来补充军费。

崇祯的心病正在于军费难筹，受这二人蛊惑，便下令裁撤驿站。在陕西米脂，有个叫银川驿的驿站被裁，驿站的工作人员也就全部失业了。

银川驿里有个驿卒，姓李名自成，因驿站被裁而下岗了。失业驿卒李自成下岗再就业，选择了起义军行业，后来一路打到了北京城，把明王朝给灭了。

想一想，如果当时不裁撤驿站，李自成没下岗，大明的历史还不一定是如此结局。梁任公很有意思，他说正是裁撤驿站导致了李自成起义，并最终导致明亡，所以这个始作俑者便是毛羽健，所以才有了"明亡于御史毛羽健"的说法，这就叫"蝴蝶效应"。

这个事情当然与王阳明无关，但是王阳明建议安贵荣不要轻易提议裁撤驿站的眼光真是非常深远。

安贵荣看王阳明如此厉害，居然可以把自己骂得狗血喷头；同时他也越发佩服王阳明，平常便不敢去招惹他。结果他不招惹王阳明，王阳明却主动来招惹他。一天，王阳明突然主动给他写了封信，信里又把他骂了个狗血喷头。

原来，安贵荣治下一个部落有两个家伙突然反叛，动静闹得很大，当地的酋长压不住，就向安贵荣求援。安贵荣是水西宣慰使，手上有兵，但他按兵不动，一直旁观。

安贵荣之所以如此，是想看看朝廷对这件事会有什么反应。他在那个山高皇帝远的地方待久了，自己觉得膀子很粗，家底儿很厚，总想弄点事出来。正好底下有人叛乱，他就静观其变。

这件事越闹越大，本来是和王阳明无关的，但此时王阳明的行事，更没有佛家的圆融，所以他立刻写了封信给安贵荣。信中劈头就说，安大人，你昏头了吗？在你的治下，有人叛乱，你居然按兵不动，作壁上观。叛乱事小，你居心何在？朝廷知道了这件事，会怎么看你？况且，如果朝廷调动其他地方的兵力来扑灭叛乱的话,要你何用?你不是明显在告诉朝廷你安贵荣有二心吗?你这个水西宣慰使还要不要当了?

安贵荣一看这信,冷汗直冒,连声称自己错了,立刻派兵。《阳明先生年谱》里说:"安悚然,率所部平其难,民赖以宁。"王阳明真正要救的不是安贵荣,而是当地百姓。他当头棒喝,点中安贵荣的痛处,让他出兵平息叛乱,令老百姓过上好日子。这就是王阳明龙场悟道、创立心学之后的强大气场与行动风格。

王阳明悟道之前,已经表现出与佛、老分道扬镳的趋势,而他大彻大悟、创立心学之后的处事姿态更是拿起而非放下,是求担当而非寻求个人的解脱。他是如此的犀利、智慧,全非所谓圆融、打太极。由此可以清楚看到,阳明心学的本质与佛教的禅悟根本不一样。

心学是什么?

心学是满满的正能量,是满满的价值担当。

大彻大悟之后,不是什么都不作为。逃避,根本不是真正的悟道。阳明心学的真正悟道是什么?是树立正确的价值取向,然后勇于担当,勇于负责。而且这种担当与负责还充满了智慧,能让问题迎刃而解,能够起到风向标的作用,就像龙冈书院一建起来,贵州随后就雨后春笋般地建立了三十七所书院。在龙场这么偏僻的地方,王阳明书院讲学的影响,居然可以"士类感慕者云集,居民欢聚而观者如堵"。这是什么?这就是满满的正能量!

为什么后世那么多杰出的人物,从徐阶、张居正到王夫之、顾炎武、黄宗羲,再到曾国藩、孙中山,都是阳明心学的忠实信徒?就是因为心学绝不是一种简单的自我解脱、简单的现实逃避,而是一种社会的担当、一种博大的胸怀——这种胸怀本质上是儒家的胸怀,是"穷则独善其身,达则兼济天下",是张载所说的"为天地立心,为生民立命,为往圣继绝学,为万世开太平",有此大胸怀,自然有大格局、大智慧,自然气场强大、风格雄健。

二、象祠记

水西宣慰使安贵荣手握实权,可谓是贵州当地的"地头蛇",一般人他向来不放在眼中,甚至时不时还要挑逗中央、试探朝廷,可见其实力与野心。

可就是这样的安贵荣，却因为两封信，既被王阳明批得体无完肤，又对王阳明的心学智慧佩服得五体投地。后来他潜心向王阳明请教，并引进王阳明的教学模式教育彝族子弟，甚至首开了贵州历史上彝汉双语教学之风，也算功德无量了。

所以自安贵荣开始，安氏历代土司对阳明先生及阳明心学都极为推崇。今天龙场阳明文化园还有着大量的历史遗刻，其中有两处最为醒目：一是阳明小洞天的入口处题写着大字"阳明先生遗爱处"，落款是"贵州宣慰使龙源安国亨书"；另一处是玩易窝的石壁上题写着"阳明玩易窝"，落款也是"龙源安国亨书"。安国亨作为安贵荣的后人，其对阳明先生的尊崇之心，可见一斑。

所以，当王阳明看安贵荣乐于从善改过，也愿意与之倾心结交，从而造福于一方百姓。

有一天，安贵荣提了一个看似普通却又独特的请求，这让王阳明产生了极大的兴趣，并由此留下了一篇不朽的文章。

安贵荣的请求不过是想请阳明先生为他新修缮的祠庙写一篇记文，这本来没有什么，但这个祠庙祭祀的对

象居然是"象",这就引起了已经顿悟了心学的王阳明的极大关注。于是,一篇名垂史册的《象祠记》横空而出。文曰:

> 灵博之山有象祠焉,其下诸苗夷之居者,咸神而事之。宣慰安君因诸苗夷之请,新其祠屋,而请记于予。予曰:"毁之乎?其新之也?"曰:"新之。""新之也,何居乎?"曰:"斯祠之肇也,盖莫知其原。然吾诸蛮夷之居是者,自吾父吾祖溯曾高而上,皆尊奉而禋祀焉,举之而不敢废也。"予曰:"胡然乎?有庳之祠,唐之人盖尝毁之。象之道,以为子则不孝,以为弟则傲。斥于唐而犹存于今,毁于有庳而犹盛于兹土也,胡然乎?我知之矣,君子之爱若人也,推及于其屋之乌,而况于圣人之弟乎哉?然则祀者为舜,非为象也。意象之死,其在干羽既格之后乎?不然,古之骜桀者岂少哉?而象之祠独延于世,吾于是益有以见舜德之至,入人之深,而流泽之远且久也。象之不仁,盖其始焉尔,又乌知其终不见化于舜也?《书》不云乎,'克谐以孝,烝烝

义，又不格奸，瞽瞍亦允若'，则已化而为慈父。象犹不弟，不可以为谐。进治于善，则不至于恶；不抵于奸，则必入于善。信乎，象盖已化于舜矣！孟子曰：'天子使吏治其国，象不得以有为也。'斯盖舜爱象之深而虑之详，所以扶持辅导之者之周也。不然，周公之圣，而管、蔡不免焉。斯可以见象之既化于舜，故能任贤使能而安于其位，泽加于其民，既死而人怀之也。诸侯之卿，命于天子，盖周官之制。其殆仿于舜之封象欤？吾于是益有以信人性之善，天下无不可化之人也。然则唐人之毁之也，据象之始也；今之诸夷之奉之也，承象之终也。斯义也，吾将以表于世，使知人之不善，虽若象焉，犹可以改。而君子之修德，及其至也，虽若象之不仁，而犹可以化之也。"

清代康熙年间由吴楚材、吴调侯编选的《古文观止》被后世认为是最为经典的古文选本之一，所选文章基本上公允地体现了清以前各朝各代古文创作的最高成就。书名"观止"也充分体现了编者的自信。

前此在谈《瘗旅文》时我们就提到过，明朝两百七十六年历史，共有十二人的作品入选《古文观止》，所谓文坛领袖、文坛奇才如宋濂、刘伯温、方孝孺、归有光等最多不过两篇入选，而王阳明在整个明代独一无二，有三篇入选。除了前此的《瘗旅文》和他晚年所作《稽山书院尊经阁记》，最独特、最有名的便是这篇《象祠记》。

首先，当地苗民、彝民等少数民族所祭祀的对象居然不是上古贤君的舜，而是舜那个品性极端恶劣的同父异母的弟弟象，这确实出人意料。

其次，经过王阳明反复求证，灵博山上的这座象祠由来已久，曾经数度被毁，又数度重建，数度修缮，可见反复之间，一定有当不当祭祀之争。

这就要说到舜帝那个不成器的弟弟象了。据《史记·五帝本纪》记载，象是舜同父异母的弟弟。他们的父亲叫瞽叟，这个名字其实就是喻指一个瞎了眼的糟老头子。瞽叟偏心而暴戾，象则傲慢而自私，而象的生母、舜的继母则两面三刀，搬弄是非。几个人串通一气，常欲置舜于死地而后快。舜虽生活在"父顽、母嚚、象傲"的家庭环境里，却对父母不失孝道，对弟弟友善宽厚，多年如一日，没有丝毫懈怠。

等到舜成年之后，他的孝悌仁厚已名闻天下。后来，尧向四岳征询继任人选，四岳就推荐了舜。

尧将两个女儿嫁给舜，以考察他的品行和能力。舜不但使二女与全家和睦相处，而且在各方面都表现出卓越的才干和高尚的人格魅力。

"舜耕历山，历山之人皆让畔；渔雷泽，雷泽上人皆让居"，只要是他劳作的地方，便兴起礼让的风尚；"陶河滨，河滨器皆不苦窳"，制作陶器，也能带动周围的人认真从事，精益求精，杜绝粗制滥造的现象。无论他到哪里，人们都愿意追随，因而"一年而所居成聚，二年成邑，三年成都"。

尧得知这些情况后很高兴，赐予舜缔衣、琴和牛羊，还为他修筑了仓房。

舜得到了这些赏赐，瞽叟、继母和象很是眼热，他们便想杀掉舜，霸占这些财物。

瞽叟让舜修补仓房的屋顶，却在下面纵火焚烧仓房。舜靠两只斗笠作翼，从房上跳下，幸免于难。

后来瞽叟又让舜掘井，井挖得很深了，瞽叟和象却在上面填土，要把井堵上，将舜活埋在里面。幸亏舜事先有所警觉，在井筒旁边挖了一条通道，从通道穿出，躲了一段时间。

瞽叟和象以为阴谋得逞，象说这主意是他想出来的，分东西时要琴，还要尧的两个女儿给他做妻子，把牛羊和仓房分给父母。

象住进了舜的房子，弹奏舜的琴，舜去见他，象大吃一惊，十分不高兴，嘴里却说："我思舜正郁陶！"舜也不放在心上，一如既往，孝顺父母，友于兄弟，而且比以前更加诚恳谨慎。

舜最终接受了尧帝的禅让，成为华夏文明早期即部落联盟时期的著名贤君，而象则作为反面典型，在儒家的价值评判上一直是一个极为负面的形象。

现在，苗民和彝民祭祀的对象居然是象而不是舜，而且自唐代以来，象祠还被屡毁屡建，王阳明深思之后，越发觉得这个看似矛盾的现象之后，深藏着一个深刻的道理，而这个道理对于他的心学体系而言至关重要。

在《象祠记》里，王阳明根据文献的记载、象后来所具的封地，以及事理逻辑的推论，断定"象之不仁，盖其始焉尔，又乌知其终之不见化于舜也？"。

象一定是在哥哥舜帝潜移默化的教化与影响下，最终改弦更张，成了一个好人，并有功于封地的少数民族百姓。

所以，这些少数民族即便历经千年的迁徙，对于象的祭祀也一直保留了下来。

毁祠的人看到的是改变之前充满着人性之恶的象，而重建并修缮象祠的少数民族百姓只看到后来那个痛改前非、显露善良并有功于百姓的象。

王阳明由是发出了一句重要的感悟——

吾于是益有以信人性之善，天下无不可化之人也。

"天下无不可化之人"，这句话里潜藏着阳明心学最终的旨归——"致良知"的萌芽。

对于阳明心学而言，其核心思想可以分解为三个方面：一是"心即理""心外无物"，这是出发点所在；二是"知行合一"，这是心学最强大的方法论；三是"致良知"，这是阳明心学的终极归宿。

在王阳明晚年，大道归简之时，他甚至只说"致良知"而不言其他，可见"致良知"理论对于阳明心学的重要性。

对于"致良知"，钱德洪《刻文录序说》记载王阳明自己曾说："吾良知二字，自龙场以后，便已不出此意,只是点此二字不出。与学者言,费却多少辞说。今幸见此意,一语之下,洞见全体,真是痛快!"

这是王阳明晚年自己回望、总结人生时的断言,可谓精准而清晰。他说在龙场悟道之后,"致良知"之意已经萌芽,只是还未能想到"良知"一词点中窍要,从而将终极旨归和盘托出,后来是从孟子处找到"良知"一词,并使之升华成哲学层面的终极追求与归宿。

人人皆有"良知",这是"致良知"理论的基石所在。而"天下无不可化之人",则是"人人皆有良知"的发源所在。

所以,这篇作于龙场龙冈书院的《象祠记》,其实就是"致良知"理论的初步萌芽。

人们说贵州是王阳明的受难地,也是阳明心学的福地,因为心学诞生于贵州。这个"诞生"之意,世人一般理解,只是王阳明悟道于龙场,于贵州,只是明悟了"心即理""心外无物"。其实,"诞生"之意远不止于此,整个心学体系的思想核心,其实都可以说是"诞生"于贵州大地上的。

我们反复说,心学作为五百年来东方最杰出的哲学思想体系，它的思想核心有三个层面："心即理、心外无物"、"知行合一"与"致良知"。

出发点"心即理""心外无物"，王阳明在龙场悟道时即已明确揭出，终极归宿"致良知"在龙场所作《象祠记》中即已萌芽，而核心的方法论，也是心学最为有名的"知行合一"学说，其实也是王阳明在贵州时就已明确提出的，只是提出之地不在龙场，不在龙冈书院。

那么，经历了龙场悟道，又一手开创了龙冈书院的阳明先生，又会在哪里提出伟大的"知行合一"说呢？

三、知行合一

虽说王阳明自己在知天命之年后重点只提"致良知"之论，但世人最为推崇心学处，还在他的"知行合一"学说，很多杰出人士把王阳明当作五百年来第一精神导师，关键就在于此。

那么，"知行合一"学说是如何提出的呢？这首先和一个人的关系很大。这个人的名字，叫席书。

席书的官阶，包括他的资历都比王阳明高很多。席书当时是贵州的提学副使。如果不了解明代官制，很多人会以为这是管教育的一个副使，相当于今天教育厅的副厅长。其实席书相当于教育厅的厅长，整个贵州一地的教育都是他主抓。官称"副使"不是说还有个正使，而是因为提学官是由按察司的副使兼任，席书相当于贵州省的副检察长兼教育厅厅长。这个官阶很高，是正四品官员。

龙场偏僻得很，身居高位的席书又是如何知道王阳明的呢？

都是因为席书的前任、王阳明的那位同乡毛科。

毛科，字拙庵，号应奎，是宁波府余姚人，王阳明的铁铁的老乡。他是成化十四年（1478）的进士，他中进士时王阳明才六岁，才刚开口说话不久，所以是妥妥的前辈。

在王阳明与思州知州的矛盾中，毛科居间调停，可以说于无声处化解了一场风波。事后，毛科曾写信给王阳明，想邀请他来贵阳文明书院讲学。

文明书院原是元代所设的儒学馆，早已荒弃，毛科离任前与席书一起在其旧址上改建，并取名文明书院。他见王阳明学问不凡，尤其一番智斗思州知州，更见胆识，况且又是同乡，便想在自己离任前邀王阳明至文明书院讲学。

王阳明一是不舍龙冈书院，二是才经思州知州刁难一事不久，所以写下《答毛拙庵见招书院》婉拒。

毛科甚是惋惜，他很快将离任，接替他的正是席书。毛科便向席书详细介绍了王阳明，并叮嘱席书说，王阳明学识渊博，且胆识谋略俱远超常人，将来必成大器。为国家计，不应该让这样的人才久滞于龙场。

席书并不关心王阳明与思州知州之间的是非，他听说这位连品级都没有的小小驿丞，居然在龙场那样的偏僻之地悟出了心学，并凭空创建了一个龙冈书院，便立刻产生了浓厚的兴趣，想去龙场见识一番。

席书的这个姿态尤为难得，他在明代可是声名赫赫的一号人物。席书性子很轴，此前在朝廷做御史的时候就敢于讲真话，所以被挤兑到贵州来做提学副使。嘉靖皇帝上台之后，尤其喜欢席书。席书做过湖广巡抚，从湖广巡抚任上又调到中央去做礼部尚书，封武英殿大学士。后来的名相张居正于隆庆二年（1568）入阁，进入内阁的时候职位就是礼部尚书兼武英殿大学士，也就是此前席书所任之职。

席书比王阳明大十一岁，又是弘治三年（1490）的进士，是正四品的提学副使，在等级森严的明代官场，通常情况下，王阳明想要见席书一面都难，而席书却放下身段，跑去龙场见王阳明。与其说是去见，倒不如说是去听课的。

等来到龙场，身在龙冈书院，亲自聆听阳明"心学"，席书不亦乐乎，但又觉困惑重重。于是，听课之后，席书主动向王阳明请教。

席书是个标准的儒家知识分子，接受的自然是标准的理学教育。既然王驿丞你的学问很大，我们就探讨一下学术问题吧，然后席书就问了王阳明一个儒家学术史上常问的问题——朱陆异同。

前此说过，周敦颐被称为理学鼻祖，是因为程颢程颐兄弟俱出其门下。程颢这一支传到陆九渊，陆九渊再传到王阳明，哲学史上称这一脉叫"陆王心学"。程颐这一支传到朱熹，成为理学的主流，被称为"程朱理学"。

南宋之际，陆九渊和朱熹两人分歧渐重。南宋淳熙二年（1175）六月，"东南三贤"之一的吕祖谦为调和朱熹"理学"和陆九渊"心学"之间的分歧，出面邀请陆九龄、陆九渊兄弟前来与朱熹见面。六月初，陆氏兄弟应约来到江西铅山鹅湖寺，双方就各自的哲学观点展开了激烈的辩论，这就是中国思想史上著名的"鹅湖之会"。

鹅湖之会中,陆九渊与朱熹就"为学之方""教人之法"等认识论的核心问题激烈辩论三天三夜,结果谁也未能说服谁。最后,双方各执己见,互不相让,不欢而散。三日夜中,双方所辩认识论之异同与其各自理论体系之关系,即所谓"朱陆异同"。

元明以来,程朱理学已成官方正统学说,儒生好谈"朱陆异同",用以崇朱抑陆。

席书也是大儒,所提问题中规中矩,意即你要讲理学,要讲心学,那请你按学术的观点讲清楚朱陆异同,源流考证,理论考辨。

王阳明淡淡一笑,不讲朱陆异同,只讲"心即理""心外无物",只讲自己最近悟出来的心学。

席书回去之后,琢磨了许久,更加困惑王阳明为什么不正面解答,只讲"心即理"。

他第二天又去,又问朱陆异同。王阳明还是不讲,只讲"吾性本自明也"。他说最重要的不是陆九渊讲什么,不是朱熹讲什么,而是你席书的那颗心应该想什么。

席书一连来了数次,请教了王阳明数回。后来又往复书信请教,当他固执己见之意终于全然放下,心学之语则如春风化雨,一下荡涤了所有旧识。席书突然之间领悟了。

心学的力量,一至如斯!席书这样的理学老顽固,一旦开悟,"往复数四,豁然大悟,谓圣人之学复睹于今日",感慨自己今日终于重见圣人之学。

《阳明先生年谱》记载说:"朱陆异同,各有得失,无事辩诘,求之吾性本自明也。遂与毛宪副修葺书院,身率贵阳诸生,以所事师礼事之。"

最后两句很关键,是说席书带着贵阳诸生,以师礼请王阳明到贵阳文明书院讲学,带头行师礼的就是席书自己。

论资格、资历,席书可以做王阳明的老师,可席书作为当地教育总长愿对王阳明行师礼,既可见席书的博大胸怀,又可见心学的巨大魅力。

当然,王阳明终其一生都把席书视作平生知己,从未以学生视之。席书辞世后,王阳明亲自为他写祭文,即以"平生知己"相称许。

从席书后来的人生表现可以看出来,他受阳明心学的影响确实很大。宁王之乱时,江南官场普遍举棋不定,作壁上观，而席书当时远在福建任上，闻听消息，毫不犹豫，立刻招募了两万人，准备平叛。

席书纯是一介文官，又不像王阳明学过军事，会打仗，但是，国家危难之际，他挺身而出，赶到江西平叛，只不过他赶到南昌时，宁王之乱已经被王阳明平定。这仍然足以说明，心学所提倡的知行合一的精神，在席书身上已经得到了充分的体现。《明史》就评价席书"遇事最敢为"。

席书为何能如此"敢为"？因为心学的"知行合一"有一个十分重要的口诀，叫作"事上练"。碰到事，不怕事，一有事，刚好事上练。这颗心正要在世上与事上磨练，就像"宝剑锋从磨砺出"一样。

因此，席书虽然年龄比王阳明大，资格比他老，却一直非常推崇王阳明。后来到了嘉靖朝，因为心学，王阳明已经被朝廷边缘化。嘉靖三年（1524）大同兵变，席书就向嘉靖皇帝上疏，说平定天下祸乱，成就一代功业，非用王阳明不可，因为当世只有一个王阳明有这么大的本事。由此可以看出席书对王阳明的推崇。

席书是以师礼事阳明，阳明是以知己待席书。

对席书影响最大的就是"知行合一"学说，而作为心学中最核心的方法论，"知行合一"又是何时提出的呢？

因为席书对心学的彻底领悟，也因为在贵阳文明书院讲学必然会比在龙冈书院讲学产生更大的影响，王阳明最终答应了席书的请求，主讲文明书院。

到了贵阳文明书院，对于讲什么内容，王阳明一开始是很犹豫的，因为席书请他去文明书院讲学是为了教育诸生，而贵阳诸生是要考举人、进士的，用今天的话来说就是有高考压力的。王阳明自己曾高中进士，他的父亲王华更曾高中状元，所以诸生对此自然有很高的期待。最终，王阳明明了了心志，他要么不讲，要讲就要讲他的心学。

王阳明到了文明书院后，在不断讲习中，其"心即理""心外无物"之说得到不断丰富与发展。为纠当时世风浮泛之弊，纠知识分子空谈虚论之病，王阳明在贵阳讲习实践的过程中，终于渐渐产生了"知行合一"的思想。

人生的大快乐，未若思想瓶颈的突破。王阳明一朝明悟了"知行合一"，也喜不自胜。随即，他便写信把这一思想成果告诉远在千里之外的最心爱的大弟子徐爱。

徐爱正在故乡准备来年的进士考试，一接到这封信，也不忙着去考进士了，而是千里迢迢，为了真理，一路向黔，赶到了贵阳。

在徐爱看来，老师于绝境之中创立了心学，现在又有了新的思想发现，作为老师的大弟子，这个时候还有什么事情比去追随他更重要呢？

但真正的弟子，真正的传人，真正的同道中人，是可以教学相长、相互裨益的，而不只是机械地跟随。徐爱到了贵阳之后，居然直面灵魂地首先提出了疑问——

"知、行"明明为二，老师如何"合一"？

知与行，在中国古代哲学中是很重要的两大命题。从《尚书》开始，到孔子、庄子、孟子，然后到二程、朱熹，再到明末顾炎武、黄宗羲、王夫之，再到孙中山、陶行知，都谈知与行。

比如著名的教育家陶行知，他原名叫陶文濬，并不叫陶行知，他是王阳明的忠实信徒，读了心学之后先是改名陶知行，1934年，他再次悟了，再改名叫陶行知。陶行知写过一首很可爱的白话诗，叫《三代人》，说行动是老子、知识是儿子、创新是孙子。所以，他还是重视行动，把行动放在第一位。

为什么陶文濬要改名为陶知行、陶行知呢？是因为从古到今，就存在着两大命题——

一是行先知后，还是知先行后？是叫陶知行还是叫陶行知，哪个在前，哪个是第一性的问题，哲学上争辩得很厉害。

二是行易知难，还是知易行难？这又是众人争辩的一个热点问题。直至今日，很多辩论赛，包括国际大专辩论赛，还经常用到"知易行难，还是行易知难"这种辩题。

王阳明别出心裁，居然提出了"知行合一"。这在中国哲学史上真可谓石破天惊！

徐爱虽然是王阳明最心爱的学生，但也要直面命题本身。此前圣贤论知、行，都是分开来的，有先有后，有难有易，老师为何说知行合一？所以徐爱千里迢迢赶到文明书院，见到老师，兜头就问了两个问题。

第一个问题："如今人已知父当孝、兄当弟矣，乃不能孝弟。知与行分明是两事。"就是说大家都知道应该要讲孝悌，可事实上做到的人很少，这说明知道和做到明明是两件事，怎么能合一呢？

王阳明回答说：徐爱啊，你看到的只是表面现象。"某人知孝，某人知弟，必其人已曾行孝行弟，方可称他知孝知弟。此便是知行之本体。"这里有点绕，王阳明在下如此结论前先举了个例子，他说《大学》上有句话，叫"如好好色，如恶恶臭"。

这里，首先要说明两点：

其一，《大学》举这个例子是证明诚意的，即诚意正心的那个诚意，而王阳明举这个例子的用意和《大学》并不一样。

其二，"如好好色"，就是看到美色就心生欢喜，这很容易理解；而"如恶恶臭"，这里应读作恶臭（xiù），是很难闻的气味，包括恶臭（chòu）在其中，但并不止于此。

王阳明说，你看到那个美色心生欢喜，开眉舒颜，但你是看到美色之后才决定开眉舒颜的吗？不是，你一看到就心生欢喜，这个眉头立刻就展开了；而那个恶臭你已经闻到了，一闻鼻子就皱起来。你是闻完了，判定他是臭的，才决定皱眉头的吗？不是，你那个眉头一时开一时皱，都是和你的那个审美行为，或那个审丑行为，是完全一致的。所以放到孝和悌，也是这样的。光说并不是知道，他去做了，做到孝、做到悌才能说明他知孝悌。

王阳明讲的是什么？王阳明说的就是人生中常见的一个困惑：知道，但做不到。王阳明是说，做不到就不是真知道，真正的知道就是能做到；你做不到，就不是真知道。这就把陆游的那句"纸上得来终觉浅，绝知此事要躬行"又往前推进一步了。所以王阳明说，知、行其实是一个整体。

徐爱一听很有道理，接着提出了第二个问题："古人分知、行为二，恐是要人用工有分晓否？"

我承认老师你说的知行可以合一，但是古代圣贤为什么要把知、行分成两个呢？是要人在这个地方用功有分晓吗？

王阳明一听，频频点头。徐爱有悟性，一点就透。

王阳明回答说，"古人立言所以分知行为二者，缘世间有一种人，懵懵然任意去做，全不解思惟省察，是之为冥行妄作，所以必说知而后行无缪"；除此之外，另外还有一种人，"茫茫然悬空去思索，全不肯着实躬行，是之为揣摸影响，所以必说行而后知始真。此是古人不得已之教"。

王阳明说，古之圣贤为什么要把知、行分开了论呢？

是因为有两种人，一种人冥行妄作，一种人好说空言，不着实躬行。

王阳明说得很深刻。世人皆可对镜自照，看看自己是不是那两种人。你或许不一定认为自己是那两种人，但你有没有冥行妄作和不着实躬行的时候呢？

有，一定有。

王阳明的"知行合一"为什么伟大？因为他解决了人生的三大困惑之一，即习性的问题。

人生其实有三大根本困惑——欲望、情绪、习性。

欲望指向未来，情绪指向当下，而习性则是根深蒂固的积累。社会学上有一种理论，认为一个人现在所有的一切都是过往的习惯造就的，也就是习性造就的。成功是由好的习性造就，失败则是由坏的习性造就。

习惯、习性的力量到底有多大？我们不妨来看一个传说。

传说亚历山大大帝酷爱学习，曾拜亚里士多德为师，还曾建有一个很大的图书馆。有一次图书馆起火，受灾严重，许多书被烧，也有一些书被人趁乱偷走了，这其中有一本书很重要。这本书表面很平常，但夹层里有张羊皮纸，是一幅藏宝图，藏宝图里交代了欧洲一个世代相传的、人尽皆知的秘密，即点石成金的秘密。

据说世上真有一块可以点石成金的石头，用它点别的石头，这些石头就能变成黄金，而这幅藏宝图就记载了这块点石成金石的秘密。这块宝石被前人藏在黑海边的悬崖峭壁上，那里有很多这样的黑色石块，但唯独这块石头很独特，它入手热烫，一握便知奇特。

这本书流传出去之后，被一个富家子弟得到。他意外地发现了夹层中羊皮纸的奥秘，于是倾家荡产，前去寻宝。最终，他来到黑海边，找到了这个地方。

这个地方旁边是万丈悬崖，底下是汹涌大海，岸边与峭壁上有很多黑色的石块。他一个一个捡，一块一块试，但问题是这么多石头，捡了放下，放下又捡，很容易混淆。于是他想到一个办法，捡起来，发现不是，就扔到海里去，再不是，就再扔到海里去。

一天，两天；一月，两月；一年，两年……整整捡了十年。功夫不负有心人，见证奇迹的时刻终于到来——当他弯下腰去，伸手捡起一块滚烫的石头，他心中一阵狂喜：终于找到这块点金石了！

然后呢？

然后他鬼使神差一般，站起身来，"啪"一下子把它扔到海里去了。虽然他心中大喊着"不可以，不可以"，但这块石头已经被扔到海里去了。

这就是惯性的力量、习性的力量，毕竟他已经扔了整整十年！

当然，这世上并没有什么点石成金石，但这个传说所揭示的道理实在深刻。

今天，文明愈加发展，科技愈加进步，我们被"异化"的习性反而愈加明显，愈加严重。

马克思当年借用黑格尔的"异化"理论，预言了资本的贪婪与无序扩张会使得人们成为金钱的奴隶。如今，除了金钱之外，越来越多的人还成了手机的奴隶！人们的习惯与习性，已经被手机所绑架，导致行为习惯与思维习惯越发"碎片化"。同时，大量的碎片信息涌入，完全挤压了精神的空间，导致王阳明当年所批判的"枝枝叶叶外头寻"的现象也愈发严重。

王阳明讲的冥行妄作与好说空言、不着实躬行，其实就是人的两大根本习性。王阳明的忠实信徒、五百年来第二大精神导师曾国藩就说过一句名言，叫"败人两字，非傲即惰"。傲是什么？傲就是冥行妄作。惰是什么？惰就是不着实躬行。所谓"败人"，便是毁于这两大恶习。

儒、释、道三家各有各的智慧，道家讲超越，擅长解决欲望的问题；佛家讲慈悲，擅长解决情绪的问题；而儒家讲修身，擅长解决习性的问题。

在儒家所有的思想智慧中，解决习性问题没有比心学的"知行合一"更有效的了。为什么要学阳明心学？从个体的角度来看，"心即理""心外无物"最能帮你找到自己，"知行合一"能够帮助你塑造自己、改变自己，"致良知"则最终帮你成就自己。

这就是阳明心学的伟大之处，它可以让每一个人都获得自我的解放，而每一个人对了，一个国家、一个民族就对了。

徐爱在彻悟了"知行合一"学说之后，带着求得真理的快乐告别了老师，踏上了回程，王阳明也因为这份薪火传续而更觉欣慰。

有一天，一位姓汪的朋友请王阳明小聚，当晚，王阳明于阁楼之上，看向文明书院、龙冈书院的方向，写下一首小诗——《夜宿汪氏园》。诗云：

> 小阁藏身一斗方，夜深虚白白生光。
> 梁间来下徐生榻，座上惭无荀令香。
> 驿树雨声翻屋瓦，龙池月色浸书床。
> 他年贵竹传异事，应说阳明旧草堂。

立身，不过方寸；俯仰，无愧天地。

一个人最大的自信，不在世人对自己的评价，而是于千秋史册中，对自我传续文明薪火的使命与价值，有着清醒而准确的认识。

自信人生二百年，会当水击三千里！

五百年来，谁不在说心学？谁不在说"阳明旧草堂"？

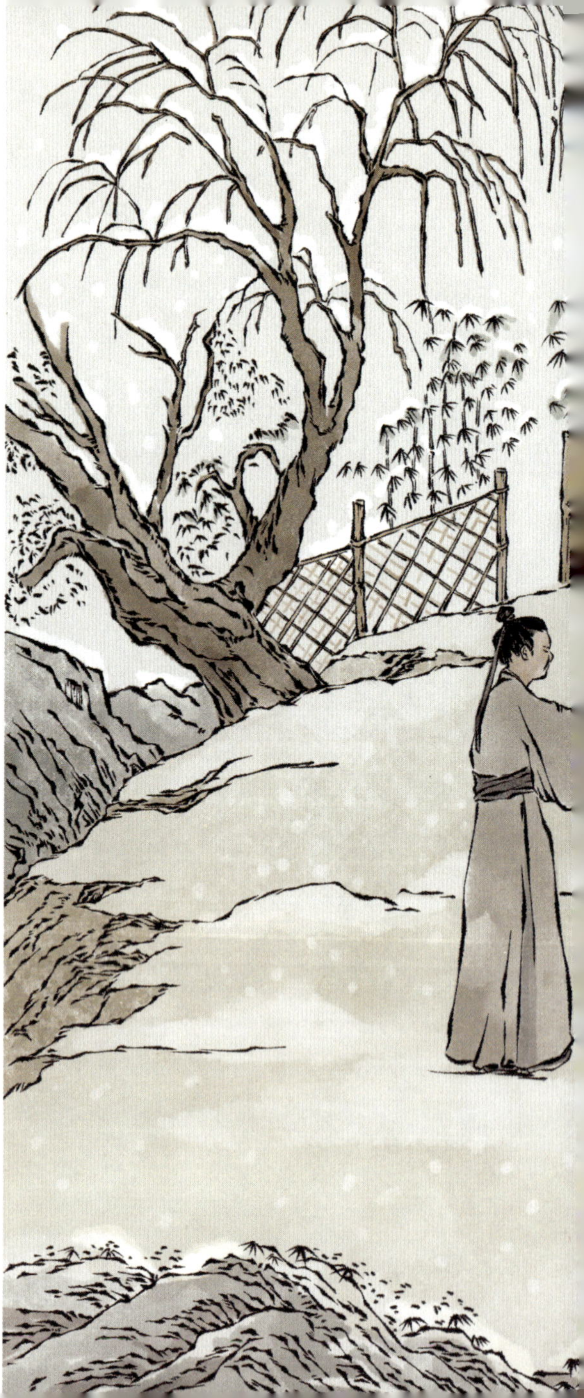

第七章
承『黔』启后

《睡起写怀》

江日熙熙春睡醒，江云飞尽楚山青。
闲观物态皆生意，静悟天机入窅冥。
道在险夷随地乐，心忘鱼鸟自流形。
未须更觅羲唐事，一曲沧浪击壤听。

此境奇绝，居夷有志！

从"险夷原不滞胸中"到"道在险夷随地乐"，从"一路向黔"到"承'黔'启后"，王阳明的凤凰涅槃，向世人展示了生命可以创造无限可能的奇迹；而心学的诞生与黔学的伴生，则向世人展示了思想、文化与文明的奇迹。

击壤而歌，沧浪清兮！

知行合一，此心光明！

一、黔学与心学

一句"他年贵竹传异事,应说阳明旧草堂",充分体现了王阳明的文化自信。

他自信不论岁月如何沧桑,世事如何变幻,他在贵州这片大地上种下的文化之根——龙冈书院与文明书院,终有一天,会长成惊艳世人的参天大树!而那时,人们会说起阳明先生来,会说起他刚刚入黔时的"此境奇绝""居夷有志",会说起他的《瘗旅文》《象祠记》,会说起他的玩易窝、阳明小洞天,会说起他在龙冈书院与文明书院的"阳明旧草堂"……

五百年前,在贵州创建了心学的王阳明,就已经预见到了这一切。

当然,王阳明没有预料到的是,他所创立的阳明心学影响会如此之大,不仅影响了华夏文明的历史进程、推动了日本的明治维新,甚至在东亚乃至整个世界范围内都产生了巨大而深远的影响。

"他年贵竹传异事",那时他便预料到心学的诞生必将对贵州这片奇绝的大地产生深远的影响。

诚然如是,正是因为心学的诞生,才决定了黔学的诞生。

或者更为准确的表述应是——

因为心学的诞生，导致了黔学的伴生。

贵州，古称夜郎，又简称"黔"。

当然，据学者考证，虽然战国秦、楚皆曾设黔中郡，并于此反复争夺，但这个"黔中"大致应在今湘西沅水、澧水流域，郡的治所最早也在沅陵。当时的黔中郡，实际只包含今黔东一小部分地区。

到了唐贞观初年，设黔州都督府，所辖才逐渐扩至今天贵州的大部分地区。所以，严谨地看，"黔"作为贵州的简称应始于唐代。

但不论怎样，从与"夜郎"和"黔"地有关的两个著名成语就可以看出，中原王朝及士大夫阶层对当时贵州的地域歧视与文化歧视。

一个是"夜郎自大"。

成语典出《史记》，夜郎王曾问汉使者："汉孰与我大？"

但事实上，根据《史记》记载，这样问的不只是夜郎王，还有滇王。另外，如果以冷静的史实眼光看，夜郎王这样问也根本不算自大，因为古夜郎国的实际版图确实相当大。

《后汉书·南蛮传》记载说:"永初初年,九真徼外夜蛮夷,举土内属,开境千八百四十里。"古夜郎国的版图,东抵荆楚,含两湖、两广,西抵川滇,向南则还囊括了今天东南亚的一些国家和地区。这个版图与西汉初年的版图其实已不相上下,甚至,加上海域面积则还大过西汉初年的版图。所以,平心而论,"夜郎"真的不算"自大"。

第二个成语"黔驴技穷",则更叫人哭笑不得。

成语典出于柳宗元的《三戒·黔之驴》,故事世人皆知,但柳宗元文中落笔,明明说的是"黔无驴,有好事者船载以入",说明这驴根本就不是黔之驴,是"黔外驴"被运到了黔地而已。而那只没见过驴、开始惊恐、后来勇于挑战新事物的老虎,倒是地地道道的"黔之虎"。

可叹的是,最后的结论颠倒黑白,既不论"黔之虎"敢于挑战新事物的精神,反而还将"技穷"的"黑锅"硬扣在本是"黔外驴"的所谓"黔之驴"头上。这说明,对于黔地的地域文化歧视心理,即便在柳宗元为代表的士大夫阶层那里,也多少是一种客观的存在。

不过，长期以来，因地处偏僻，且生存环境比较恶劣，尤其是文化启蒙思想的欠缺，导致贵州在明朝之前的文化嬗变是一个漫长而迟缓的过程，这也的确是学界的共识。

在先秦至元朝一千五百多年的历史演进中，贵州与中原文化仅有零星的交流与互动，比如《贵州通志》记载，东汉"桓帝时，郡人尹珍自以生于荒裔，不知礼义，乃从汝南许慎、应奉受经书图纬，学成还乡教授，于是南域始有学焉"。这几乎可以算是黔学最早的文化根脉了，但它远不能为黔学产生奠基的坚实意义。

其后，虽又经唐宋汉儒流官以及贬官谪戍者带来一些中原文化，但当时贵州高原总体的儒学教化程度并不高，王阳明就曾描述当时贵州的社会思想之"陋"为"诸夏之盛，其典章礼乐，历圣修而传之，夷不能有也"。这是继地域"绝地"之后一块思想文化意义上的"绝地"。

当然，每种地域文化其实都有其发展根由，自东汉尹珍受学许慎为文化原点看，此前与此后的很长时间内，贵州都处于由聚居的少数民族形成的天然文化中，尚未开展自觉的文化构建，也未形成以儒学为导向的价值体系。直到明代，贵州正式建省，贵州才完成了由民族天然构成的边地文化的行政资源整合，搭建起了"黔学"之所以为"黔"的地缘基础。

终于等到正德三年（1508），一代大儒王阳明来到贵州，伴随着龙场悟道、心学诞生、书院传道，在王阳明自身凤凰涅槃的过程中，在伟大的阳明心学的诞生过程中，具有文化独立意义的"黔学"终于随之伴生，而贵州文化传统意识与民族文化心理的统一构建也得以彻底完成。

对此，贵州地方志中的翘楚《贵阳府志》就曾明确地作出结论："黔学之兴，实自王文成始，文成尝主讲文明书院矣，即今贵山书院是也……揭良知之理，用是风厉学者，而黔俗丕变。"可见，黔学伴随心学而生，这也是一种历史的必然。

之所以说是"伴生"，其内涵还有另一重重要的含义，即如果没有黔学与心学的合辙互证，心学的诞生与发展也终将无从谈起。

对于王阳明的龙场悟道与心学诞生，贵州这片大地至少提供了三种助力。

一是自然山水之助。

刚刚踏上一路向黔的贬谪之路时，不时哀叹着"行路难"的王阳明想象贵州的自然环境应是"危栈断我前，猛虎尾我后。倒崖落我左，绝壑临我右"。

可等他到了贵州，却发出了"此境奇绝"的慨叹，激发了他的"居夷之志"。尤其是在龙场，这个"万山丛棘"中的所谓"绝地"，渐渐地在王阳明面前展现出另一种可亲可近的面貌。"平生泉石好，所遇成淹留。好鸟忽双下，鲦鱼亦群游。"在王阳明眼中，不仅山水洞石是好的，他还爱屋及乌到认为随景即见的贵州的鸟也是好的。

尤其是贵州随处可见的喀斯特地貌，不仅给了王阳明"别有洞天"的审美享受，更为关键的是，像玩易窝，像阳明小洞天，都成为王阳明避难、安居乃至救赎的场所。阳明小洞天正是因为实属王阳明龙场悟道的"神助"，才被无数后人奉为心学圣地。

二是民性质实之助。

遍观王阳明在贵州的生活，始终都离不开贵州人民的关怀和帮助：龙场断粮后，他向当地农民学习农活耕种；东洞穴居后，唯一像样的居所何陋轩，也是在当地百姓的帮助下建造的；龙场悟道后，扩建君子亭、宾阳堂而成龙冈书院，也是得益于百姓的帮助。

久处之后，王阳明对贵州民风的质实有了更深刻的理解，即便是对他最开始鄙薄的崇巫事鬼之俗，也有了新的认识。他有一首《却巫》诗，记载久病未愈时夷民帮他请巫医的事。王阳明虽不信巫医，但仍以自我调侃的语气，于戏谑中温情地接纳了夷民的风俗。这说明此时的王阳明已放下了士大夫阶层固有的文化俯视心态，以一种平等心、友爱心去看待当地的夷民。

所谓以心换心，当王阳明受到思州知州刁难、凌辱时，当地的夷民、普通的百姓对阳明先生人格尊严的自觉而有力的维护，就显得尤为难能可贵。

事实上，夷民自发的群体接纳对处于绝地的王阳明而言是至关重要的。这份接纳也不单是作为个体的物理接纳，还包含思想与精神层面的接纳。当龙冈书院建成，龙场夷民就成为他的第一批弟子。正是因为有这些夷民弟子，龙冈书院才实至名归，才渐渐地吸引了越来越多的慕名而来者。可以说正是贵州人民的接纳与帮助，才使得阳明心学得以播种生根。

三是思想真空的文化环境之助。

这一点属于劣势变优势，细想也很重要。初到贵州，连王阳明自己也觉得这是一块思想文化的"绝地"。

这样近乎真空的思想绝地对王阳明而言具有双重的指向意义——以王阳明自身为儒学坐标,向上是在贵州离群索居的无道无友,向下是有待开化的黔学文化。

但当王阳明树立"居夷之志",愿"为生民立命"而在此另起炉灶、重开天地时,一种意想不到的顺畅效果便立竿见影地呈现出来,即以纠程朱理学之偏为本质的阳明心学一旦诞生,就在这片思想真空中得以自由而茁壮地成长。由此,"绝地"终成心学的"福地"。

向下有待开化的黔学文化,自然是无比热情地拥抱这崭新的阳明心学;向上来自统治阶层御用正统理学思想的阻碍与非难,在贵州则几乎不存在。

除席书出于正统儒家理学出身且刚刚至黔有几次"朱陆异同"的疑惑与请教外,王阳明在贵州的心学宣讲,可谓乘风破浪,可谓大道其光。这与后来王阳明离黔后乃至晚年思想大成时的心学宣讲对比,可谓天壤之别。其时其势,占据正统地位的理学对于心学,不只是非难,甚至可以说是"围剿",视之为异端。王阳明晚年及身后所受的政治打压,其实亦源于此。

只有在"此境奇绝"的贵州大地上,心学思想的传播才真如浩荡东风。

在龙场龙冈书院时王阳明已有大批弟子，除当地夷民外还有大量慕名而来的外籍士人，其中不乏蒋信与冀元亨这样被后世列为楚中王门典型的知名学者。至贵阳文明书院后，从之者更如云集景从。

这些在黔受教的王门弟子不仅对心学在贵州的发展起着重要作用，还促进了心学在明代各地的传播。当时有两位黔籍弟子，即陈文学、汤冔，被后世贵州学界认为是"两先生承良知之派以开黔学"。

因心学开黔学，以黔学促心学，非黔籍弟子后来也有相当一部分人回到贵州弘扬心学，如楚中王门的蒋信。蒋信曾于嘉靖年间任贵州提学副使，亲自讲授心学并大力兴建书院，培养了一大批王学后生。而浙中王门的王杏嘉靖年间主政贵州时，不仅于贵阳建阳明书院，为阳明先生立祠，还议请朝廷单独于贵州开科取士，为贵州科举史、教育史书写了浓墨重彩的一笔。

这样一种黔学伴生于心学又反哺于黔地的成果，对贵州而言，是莫大的历史机缘，同时，也更使得心学在黔学中的血脉得以巩固和延续。

此后，各代王门弟子都有在黔办学讲学之举，贵州也因此涌现出一大批如阳明、南山、正学、学孔、南皋、兴文等主讲心学的书院，贵州的书院文化、讲学之风，自此而勃然大兴。

所以，贵州得以成为王学圣地，并不单纯因为阳明心学诞生于此，更因为王门后学发展于此、反哺于此。

二、镇远旅邸书札

王阳明在贵阳文明书院过的日子要比在龙场惬意得多，他在这里不仅悟出了知行合一，将心学大大向前发展了一步，交游也变得日渐丰富起来。

一者，心学在贵州的宣讲如风行草偃，几无阻滞；二者，王阳明在龙场悟道后自身的气势与气场都产生了巨大的变化，慕名而论道、追随者日众。

这一时期，王阳明创作了不少交游、唱和之作，其著名的《居夷诗》，即全部都是在他贬谪贵州时所作。据《居夷诗》所录与后代学者考订、补遗，王阳明贬谪贵州期间，共有诗文创作198篇，这也是这位心学宗师、大哲学家一生创作最为高产与丰富的时期。

在这些创作中，有一篇《陆氏族谱序》很是让人感慨。

在王阳明文明书院的学生中，有一名学生名叫陆显贵。王阳明在得知陆显贵的九世祖名叫陆寅，而陆寅又是江西陆氏的后人时，就特别留意。后来，他提出让陆显贵修贵州陆氏的族谱，并主动为陆氏旗谱作序。在序文中，王阳明热情地历数自陆寅而下贵州陆氏的"十世军功"，甚至在序文的最后说：

> 愚主讲文明，幸属师弟。倘不因龙场一谪，当必上告天子，下鸣方伯，使汝家与且兰三宋一庭，共登铁卷铜章之谱。

这篇《陆氏族谱序》充分体现了王文"醇而肆"的特点，内容醇正，情感充沛，具有很强的艺术感染力。

那么，在众多门人弟子中，王阳明为什么对陆显贵如此感兴趣，甚至嘱其修族谱并主动为之作序呢？

《贵定县志》记载了这篇序文，并在其后附有《王阳明为贵定云雾陆氏族谱写序考记》。根据《考记》解读，陆寅在明初随傅友德征黔开边，屡立军功，成为贵州陆氏的一世祖。而陆寅的父亲陆琼则是江西陆氏始祖陆德迁的十二世孙。陆德迁的祖父是唐朝宰相陆希声,而陆德迁有一位六世孙,名叫陆九渊。

原来,一切都是因为"陆王心学"之"陆"——陆九渊。

席书曾反复请教王阳明"朱陆异同",王阳明即便在贵州龙场如此偏远之地,也避而不答。可见,朱熹朱夫子在明代主流思想中的统治地位到了怎样的地步。

在"朱陆"之间,王阳明毫无疑问是倾向于陆九渊的,而阳明心学也毫无疑问接续了陆九渊心学。但王阳明甚至一直到平定宁王之乱后,主政江西时,才于正德十六年(1521)"揭致良知之教",然后公然标举陆九渊心学——

> 以象山得孔、孟正传,其学术久抑而未彰,文庙尚缺配享之典,子孙未沾褒崇之泽,牌行抚州府金溪县官吏,将陆氏嫡派子孙,仿各处圣贤子孙事例,免其差役。有俊秀子弟,具名提学道送学肄业。(钱德洪《阳明先生年谱》)

如果说王阳明十二年后是大张旗鼓地表彰陆九渊心学,那么十二年前命贵州陆氏后人编《陆氏族谱》并亲自为之作序，就应该是隐晦地表彰陆九渊心学，从而表明了他在"朱陆异同"间的取舍，也表明了他与统治阶层主流价值观分道扬镳的态度。

在这片偏远的思想文化"绝地"，王阳明不论是为象祠作《象祠记》，还是偶遇陆九渊的后人而嘱其修族谱并为之作序，其实都寄寓了一种对心学信念的坚定选择，这也是他此后一生"为天地立心，为生民立命，为往圣继绝学，为万世开太平"的根本所在。

可是，即便王阳明已经预见到心学之于天下苍生必将发挥巨大的解放作用，但他如果始终困于黔地，则终究不能实现更高的人生价值与理想，所以他难免也有遗憾，也有希冀。

有一天，王阳明和学生去游天生桥，走过天生桥的他事后感慨万千地写下一首七律诗《过天生桥》。诗云：

水光如练落长松，云际天桥隐白虹。
辽鹤不来华表烂，仙人一去石桥空。
徒闻鹊驾横秋夕，谩说秦鞭到海东。
移放长江还济险，可怜虚却万山中。

所谓天生桥，是山间一道天然石梁做成的桥，是修文县西的一处天然胜景。贵州多山，自古"地无三尺平"，修路修桥最是不易。

王阳明和他的学生大概不会想到，五百年后，整个地球上排名前一百的高桥，有一半在贵州；世界排名前十的高桥，八座在中国，五座在贵州；而世界排名第一，垂直高度高达565米的北盘江大桥，也在贵州。五百年后的贵州，心学诞生、黔学伴生的这片神奇大地上，已经建起2.3万座桥梁，几乎包揽了当今世界的全部桥型，成为天下闻名的"桥梁博物馆"。

可在王阳明所处的时代，贵州僻处穷荒，路险桥稀，这样一座天生桥，让王阳明不禁为之感慨良久。他连用鹤归华表、仙人造桥、牛女鹊桥、秦鞭赶海四个典故，极力赞叹此桥之非凡。可在最后，一联"移放长江还济险，可怜虚却万山中"，则不免有遗憾，有希冀——这样非凡之良材，什么时候才可以走出这万山丛棘，去更大的世界一展身手呢？王阳明以桥自喻，走过天生桥的他，必将走向天际，走向更加波澜壮阔的精彩人生。

果然，"心外无物"的一代宗师王阳明心中燃起热切的希望，其人生处境竟也随之改变。正德五年（1510），朝中时势剧变，刘瑾失势，终被凌迟处死。在经历三年的贬谪岁月后，朝廷一纸任命来到贵州，王阳明改任江西庐陵知县，他的贬谪生涯终于可以宣告结束了。

真正快要离开的时候，王阳明对贵州，对这片"绝地"与"福地"，对书院与学生，都生出万千的不舍来。

因为朝廷催促上任，王阳明虽有种种不舍，也不得不在正德五年（1510）的暮春正式告别给予他滋养、帮助他悟道的这片热土。临行之时，门人弟子都来送行，王阳明当场写下《将归与诸生别于城南蔡氏楼》。诗云：

> 天际城楼树杪开，夕阳下见鸟飞回。
> 城隅碧水光连座，槛外青山翠作堆。
> 颇恨眼前离别近，惟余他日梦魂来。
> 新诗好记同游处，长扫溪南旧钓台。

来时"此境奇绝"，别时青山绿水。这青山绿水，此刻是如此让人难分难舍。王阳明对弟子们说，不要忘记我们一起同游过的黔山黔水，记得时时打扫好溪南旧钓台，即便不能身回，我的心也会时时在梦魂中归来，常与你们在一起，常与这片"奇绝"的山水、天地在一起。一句"长扫溪南旧钓台"，既暗用严子陵垂钓的典故，又让人想见"先生之风，山高水长"。

王阳明一生最爱是讲学，所以他的课堂往往不只在书院。他常与门人弟子同游，游时即便门人弟子，他也一概以"友、弟"相称。所以，著名的"岩中花树"的公案，南镇偕游，"友"之所问，其实就是其门人弟子的提问。《传习录》中所言之"友"，大多都是王阳明的门人弟子。如此种种，都足见出阳明先生的境界与胸怀。

贵阳城南作别后，很多弟子依依不舍，在阳明先生反复劝回的情况下，还是有不少学生一直送他到离贵阳城已六十里远的龙里卫。王阳明作《诸门人送至龙里道中二首》。其一诗云：

蹊路高低入乱山，诸贤相送愧间关。
溪云压帽兼愁重，峰雪吹衣著鬓斑。
花烛夜堂还共语，桂枝秋殿听跻攀。
相思不用勤书札，别后吾言在订顽。

先生最后对学生的叮嘱，只在学问，只在精进，只在成长。

其中"跻攀"一词，也常作"跻扳"，是指攀登的实际动作，杜甫《白水县崔少府十九翁高斋三十韵》中就说："清晨陪跻攀，傲睨俯峭壁"。有意思的是，王阳明在此处还作了夹注，他说"跻攀之说甚陋，聊取其对偶也"。可见，王老师当时心境的重点不在作诗，全在临别前犹然要给学生谆谆教诲。

王阳明沿着来时路，从贵阳到龙里卫，再经新添卫、平越卫、清平卫、兴隆卫，来到他来时并未留下片言只语的镇远小镇。

当晚，王阳明在镇远小镇的旅舍内写下给贵阳诸生的三封书信，这就是王阳明离黔之前所作的著名的《镇远旅邸书札》。

这一组在镇远旅邸所作的书札在王学研究中具有特别的研究价值与意义。

首先，我们可以借此看出王阳明的心性。经龙场悟道、心学诞生，王阳明在贵州凤凰涅槃，虽隐然已有一代宗师的气象，可他依然是深情的人、温情的人，是一个活生生的人。

他在一封信里开篇即云：

> 别时不胜凄悯，梦寐中尚在西麓，醒来却在数百里外也。相见未期，努力进修，以俟后会。即日已抵镇远，须臾放舟行矣。相去益远，言之惨然。书院中诸友不能一一书谢……更俟后便相见，望出此问致千万意。

"别时不胜凄悯，梦寐中尚在西麓，醒来却在数百里外也。"这样的语句自然质朴，浑然发自肺腑，隔着五百年的沧桑岁月，至今读来，犹然动人。

从贵阳城南作别时的满眼青山绿水，到龙里卫的谆谆教诲，再到镇远旅邸的深情满满，王阳明身上显示出"中国式先生"的高贵品质——既见传道授业的智慧，又见鲜活生动的人性之美。

这种鲜活生动还体现在即将作别贵州的王阳明对书院故人及生活细节上的挂怀与叮嘱。他在另一封信中说：

> 行时闻范希夷有恙，不及一问，诸友皆不及相别。出城时，遇二三人于道傍，亦匆匆不暇详

细,皆可为致情也。所买锡,可令王祥打大碗四个,每个重二斤,须要厚实大朴些方可,其余以为蔬楪。粗瓷碗买十余,水银摆锡筹买一二把。观上内房门,亦须为之寄去盐四斤半,用为酱料。朱氏昆李亦为道意。阁真士甚怜,其客方卧病,今遣马去迎他,可勉强来此调理。梨木板可收拾,勿令散失,区区欲刊一小书故也,千万千万!

谁说君子必然远庖厨?谁能想到一代心学宗师王阳明,离黔之后终将"赤手挽银河""大名垂宇宙"的王阳明,对于柴米油盐,对于学生康健,是如此的"一枝一叶总关情"!

当然,这一组《镇远旅邸书札》在王学研究中还有一个更为重要的价值与意义,那就是初定了王门核心弟子的名单与规模。这就牵涉到明代学术史上最为重要的"姚江学案"的甄别问题。

王阳明在《镇远旅邸书札》中明确列出门人弟子姓名者,共有二十五人。当然,这应该只是龙冈书院与文明书院的一部分核心弟子。但随着后来心学大盛于天下,师从、追随王阳明的儒家知识分子越来越多,创造了明代教育史与文化史的一时盛况。后来,王阳明的同乡,被称为"余姚四贤"之一和"明末三大遗民思想家"之一的黄宗羲,总结明代儒家学术史,作《明儒学案》。

《明儒学案》在学术史上影响巨大,其中分量最重的部分就是"姚江学案"。"姚江学案"即"王门学案",因为王阳明是浙江余姚人,而余姚则因姚江得名。

黄宗羲将王门核心弟子及后世代表学者按地域分为浙中王门、江右王门、南中王门、楚中王门、北方王门、粤闽王门、泰州学派与止修学派共八脉,其中止修学派所列不过一人,而楚中王门与粤闽王门不过各列两人。按此标准,黄宗羲总结王学传续与发展脉络,居然不列黔中王门,实在大大出乎后世研究者的意料。

按黄宗羲《明儒学案》标准,黔中王门不仅不可忽略,而且应是王学传播与传续的先锋与主力军。

《镇远旅邸书札》中王阳明亲手所列二十五名核心弟子中,贵州籍弟子就有陈文学、汤冔、叶梧三人。三人后来共建阳明书院,始创黔中王门一派。

而后更有再传弟子贵州籍学者李渭、孙应鳌、马廷锡三人作为黔中王门之集大成者,清代谢圣纶在《滇黔志略》中称"李同野、孙淮海、马内江三先生皆崛起黔南,毅然以斯道为己任……躬行实践,体道入微,卓然为后学典型,非但振拔超群,为全黔一时山斗也"。

三人分别建立中和、学孔、渔矶等书院讲学弘道,继承心学"心气合一,内外合一,乃至中至正,不偏不倚"等主张,在王阳明"知行合一"的基础上提出"以行为先",发展了心学理论。

黔中王门三代、四代及其后弟子也广布贵州,如邹元标之徒陈尚象曾建南皋书院以弘扬心学。

即便由于明代后期心学的整体性衰落,加之黔中王门四代及之后学者著述的亡佚,可能不足使黄宗羲将他们再列入其中,但以最低标准论,黔中王门作为王学一派应是不容抹杀的。

更何况贵州作为王门心学的诞生之地、发展之地,更值得在"姚江学案"与《明儒学案》中大书特书。

梁启超在《阳明先生传及阳明先生弟子录序》中认为《明儒学案》所载"千古绝勤,湮没者亦且不少"。

黔中王门的缺载,就是一个典型的"湮没者"。

心学研究数十载,学界尤其是贵州当地学者对黔中王门已有足够的关注,并形成了丰硕的成果。但黔中王门因不入《明儒学案》之典而长期得不到正名，较之浙中、江右、泰州三大学派而言尚未得到相应地位，这在一定程度上制约着贵州心学的研究发展。而心学研究对黔学构建的支撑效用的缺失，也影响着黔学研究与发展的进程。

如前所论，黔学自心学诞生之时便正式形成了其内核，而黔学自确立之始，其主要的历史使命与责任便是促进心学的传播与发展，并以自身的实践参与心学的构建过程。

故欲为黔学正名，必先正其心学。黔中王门之于心学研究，再之于黔学构建，本质上是一个价值传导的过程。

三、承"黔"启后

《镇远旅邸书札》是"黔中王门"确存的力证。王阳明在写完三封既深情细腻又别具历史价值的信件后，终于要离开这片寄寓了他"奇绝"之叹与"居夷之志"的神奇土地。

相比较入黔时的种种艰难，此时别黔的离程与此后余生的征程，对于王阳明来说，注定将是一条承"黔"启后的康庄大道。

因为心学的创立，中华民族的文明史，五百年来别有一种气象。因为心学的创立，成为一代宗师的王阳明在走出贵州那一刻，也别有了一番人生气象。接下来，王阳明的人生，可谓是气场全开、境界全开。

他先是在江西庐陵任上大显身手，七月而使庐陵大治。其间勇斗宦官，为民减税；智消狱讼，解民纠纷；关切民生，施行教化……种种手段，足证心学"知行合一"之大智慧。

接下来王阳明因庐陵政绩奉调入京，在北京与好友湛若水、黄绾大兴讲学之风。

但天子脚下埋学顽固，岂容心学之讲传？事实上，自王阳明离开贵州，此后心学宣讲虽然影响越来越大，但所受阻力与打压也愈来愈甚，再也没有在贵州时风行草偃、大道其光的包容环境了。所以，王阳明不久就被调任南京太仆寺少卿。

南京太仆寺少卿的职责主要是管理马匹，而且官衙署所位处安徽滁州。于是，王阳明在滁州的"弼马温"任上大讲心学，形成一时盛况，天下儒生纷纷远赴滁州听讲。

阳明心学的宣讲使得王阳明受到兵部尚书王琼的关注,在王琼的一力推荐下,王阳明连升数级,出任都察院左佥都御史,巡抚南赣汀漳。

南赣匪患积数十年,渐成星火燎原之势,已成明王朝心腹大患。朝廷用兵日久,却无尺寸之功。王琼让一介书生王阳明领兵平叛,朝廷上下,大跌眼镜。

王琼可谓慧眼识珠。王阳明出任南赣巡抚,整练新军,创立"十家牌法",然后远剿詹师富、近破谢志珊、一信招卢珂、智斗池仲荣,如秋风扫落叶般荡平四大贼寇,南赣地区绵亘数百里、迁延三十年的匪患,一朝而解,朝廷上下,为之震动。

但王阳明却觉殊无可喜,他于此说出"破山中贼易,破心中贼难"的千古名言。之后,王阳明花大力气增设县邑,推行教化,为民谋利,南赣地区终得长治久安。

自平南赣匪患开始,王阳明走上了"平生百余战,而未尝一败"的军事"开挂"生涯。

正德十四年(1519)六月,王阳明奉命勘处福建军士哗变事宜,行至丰城,闻宁王朱宸濠反叛,遂孤身返吉安,起义兵,平宁王之乱。前后仅四十三日,王阳明就用临时拼凑的数万义军,扑灭了苦心经营十年之久、拥有十万精兵的宁王叛乱。

因平宁王之乱，王阳明受封新建伯。但明武宗荒诞无稽，亲率奸佞张忠、许泰南下，王阳明不得不打起精神与前来抢功悦君的宦官张忠、许泰群小周旋。就是在"忠、泰之难"中，王阳明"揭致良知之教"，心学思想体系最终走向完善。

嘉靖皇帝登基后以理学大师自命，加之桂萼、张聪等人忌惮王阳明的影响与能力，虽经席书等人力荐入阁，王阳明终究入阁无望。王阳明坦然面对政治上的排挤与打压，一心以教育诸生、宣讲心学为重。嘉靖六年（1527）广西思恩、田州叛乱，朝廷军事上无人可用，危机之时，终究还要依托王阳明。

王阳明兼都察院左都御史，后又兼任两广巡抚，远赴广西平叛。出发前夜，有著名的"天泉证道"，王阳明与钱德洪、王畿立下善恶"四句教"法。

嘉靖七年（1528），王阳明至广西，二月平定思田之乱，然后兴学校，抚新民。七月又破八寨、断藤峡之乱。十月，王阳明病重，上疏告职还乡，被桂萼压住，留中不发。

十一月，王阳明听从自我的"良知"，毅然启程返乡。

二十九日辰时（1529年1月9日8时），病逝于江西南安府大庾县青龙铺舟中，时年五十七岁。临终时有门人周积等人陪伴，王阳明留下"此心光明，亦复何言"的千古名言，含笑而逝。

隆庆元年（1567），朝廷下诏赠王阳明为新建侯，谥文成，世称"王文成公"。

万历十二年（1584），王阳明从祀于孔庙。"立德、立功、立言"，世称阳明先生"真三不朽"。

这样波澜壮阔、精彩纷呈的人生画卷，都是承"黔"而后，次第展开。虽然依旧有坎坷，有磨难，甚至有更大的非议、更多的排挤，但在龙场悟道之后的王阳明心里，在走出贵州之后的阳明先生眼里，再也没有疑惑与犹豫，再也没有摇摆与不坚定，他从此"此心光明""知行合一"，不仅走出自己的人生精彩，也为中华民族注入思想的活力，创造了文明史的奇迹。

当然，即便回到最物理的层面来说，王阳明入黔的贬谪之途主要是逆水行舟，而此时离黔之行则是顺水行舟，所以他在《镇远旅邸书札》中也说"即日已抵镇远，须臾放舟行矣"，正是顺江而下，不觉间，"轻舟已过万重山"。

尤其是离开贵州，来到湖南，停舟晚泊在沅江之上，王阳明想起来时的沅江遇险，不由感慨万千，遂作七律二首：

《沅江晚泊二首》

其一
去时烟雨沅江暮，此日沅江暮雨归。
水漫远沙村市改，泊依旧店主人非。
草深廨宇无官住，花落僧房有鸟啼。
处处春光萧索甚，正思荆棘掩岩扉。

其二
春来客思独萧骚，处处东田没野蒿。
雷雨满江喧日夜，扁舟经月住风涛。
流民失业乘时横，原兽争群薄暮号。
却忆鹿门栖隐地，杖藜壶榼饷东皋。

其一写的是自我的心境，再次面对暮雨中的沅江，凤凤凰涅槃的王阳明，此时已是绚烂之极归于平淡。但在自然面前，通透无瑕的心境中还有一丝难得的担忧与思索。这就是其二的难能可贵处了。

第二首诗突然放大了沅江上的风雨，甚至有"经月风涛""雷雨满江"，面对这样凶险环境的，不再是当初贬谪途中经受着一个人的苦难的王阳明，而是如今心怀天下的王阳明眼中的苦难苍生。一来一回，沅江上的王阳明，从只见一己之苦难的"小我"，变成心怀天下之苦难的"大我"。这样的王阳明，已然成长为可以"为天地立心，为生民立命"的阳明先生。

一夜风雨过后，沅江之上风平浪静。晨起，满怀"良知"、满心"光明"的阳明先生写下一首七律——《睡起写怀》。诗云：

江日熙熙春睡醒，江云飞尽楚山青。
闲观物态皆生意，静悟天机入窅冥。
道在险夷随地乐，心忘鱼鸟自流形。
未须更觅羲唐事，一曲沧浪击壤听。

回想此境奇绝,居夷有志!

从"险夷原不滞胸中"到"道在险夷随地乐",从"一路向黔"到"承'黔'启后",王阳明的凤凰涅槃,向世人展示了生命可以创造无限可能的奇迹;而心学的诞生与黔学的伴生,则向世人展示着思想、文化与文明的奇迹。

击壤而歌,沧浪清兮!

知行合一,此心光明!

参考文献

1. [明]王阳明：《居夷集》，嘉靖三年丘养浩刻本，杭州：西泠印社出版社，2018年。

2. 王晓昕、赵平略点校：《王文成公全书》，北京：中华书局，2015年。

3. 束景南：《王阳明年谱长编》，上海：上海古籍出版社，2017年。

4. 束景南：《王阳明佚文辑考编年》，上海：上海古籍出版社，2015年。

5. 吴光、钱明、董平、姚廷福编校：《王阳明全集》，上海：上海古籍出版社，2011年。

6. 陈明、王正、谷继明等注释：《王阳明全集》，武汉：华中科技大学出版社，2015年。

7. [明]王守仁著，[明]施邦耀辑评，刘宗碧点校：《阳明先生集要三编》，成都：西南交通大学出版社，2019年。

8. [明]谢东山删正，[明]张道编集，张祥光、林建曾、王尧礼点校：《嘉靖贵州通志》，贵阳：贵州人民出版社，2019年。

9. 钱穆：《阳明学述要》，北京：九州出版社，2015年。

10. 陈来：《有无之境：王阳明哲学的精神》，北京：北京大学出版社，2006年。

11. 钱明：《王阳明及其学派论考》，北京：人民出版社，2009年。

12. 束景南：《阳明大传："心"的救赎之路》，上海：复旦大学出版社，2020年。

13. 左东岭：《王学与中晚明士人心态》，北京：人民文学出版社，2000年。

14. [日]冈田武彦：《王阳明与明末儒学》，吴光等译，上海：上海古籍出版社，2000年。

阳明·问道十二境

兴隆书壁
施秉（偏桥卫）
黄平（兴隆卫）
镇远（镇远府）
玉屏（平溪卫）
芷江县（罗旧驿）
镇远留书
福泉（平越卫）
炉山（清平卫）
贵定（新添卫）
平越思隐

指导单位：中共贵州省委宣传部　贵州省新闻出版局（省版权局）

龙　欢　◎绘

【龙场悟道——修文县玩易窝】

修文是王阳明到贵州的定居点,也是王阳明悟道之处。王阳明初至修文龙场时,在离驿站不远的一个天然小溶洞里住宿生活,诵读《易经》,因此给此洞取名"玩易窝",并作《玩易窝记》。期间,王阳明结合历年来的遭遇和所学所思,日夜反省,一天半夜顿悟"圣人之道,吾性自足,向之求理于事物者误也",此即"龙场悟道"。"龙场悟道"既是阳明心学的起点,也是中国思想史上的重大事件。玩易窝为国家级重点文物保护单位。

【兴隆书壁——黄平县飞云崖、月潭寺】

飞云崖,亦称飞云洞,位于黄平县,建于明正统八年(1443),经历代增修扩建,形成一组别具特色的古建筑群,有"黔南第一奇境""黔南第一洞天"等殊誉。明正德三年(1508)初春,王阳明途经兴隆卫(今黄平),在这里留下了很多遗迹,作有《兴隆卫书壁》一诗,还曾在山下月潭寺留下名作《重修月潭寺建公馆记》,表达了"为政之要在于宜人"的观念。《重修月潭寺建公馆记》中还写道:"天下之山,萃于云贵。连亘万里,际天无极",生动描述了贵州山的特点。飞云崖古建筑群为国家级重点文物保护单位。

【平越思隐——福泉市平越驿站、七盘古驿道】

平越是福泉市的古称。平越驿站位于福泉城南的南门桥,始建于明洪武五年(1372),曾是贵州著名的16个驿站之一,王阳明入黔时曾在此小住。当前驿站为近年修复,驿站大厅有悬雕《贵州古驿道示意图》和《平越府驿道交通示意图》及《福泉赋》。七盘岭是古平越的著名去处,山势雄奇,险道盘曲。王阳明途经平越七盘古驿道,作《七盘诗》,表达了对贵州地貌"境多奇绝"的赞叹。平越古十景之一的"七盘晚照"便是古驿道景观。诗中"投簪实有居夷志,垂白难承菽水欢"流露出弃官归隐的情绪,这种情绪在王阳明谪居贵州、悟道之前所作诗文中多次出现。

【古道心旅——修文县天生桥、三人坟、蜈蚣桥】

王阳明在龙场期间,造访修文县天生桥,并在此留有诗作《过天生桥》。天生桥位于修文县城西北12公里的谷堡乡哨上村境内,不远处有奢香夫人所开龙场驿至陆广驿的古驿道,还有王阳明笔下"吏目"一家的三人坟。王阳明在此目睹"吏目"一家客死异乡之事,触景生情,作《瘗旅文》凭吊死者,该文被收入《古文观止》。此文表达出悲天悯人的情怀,是王阳明悟道前的重要经历和感触。蜈蚣桥,又名龙源桥,位于修文县城西10公里处蜈蚣坡,距三人坟不远,系古代龙场驿(今修文)至陆广驿(今六广)之重要津梁。蜈蚣桥所在的蜈蚣坡古道为全国重点文物保护单位。三人坟为省级重点文物保护单位。

〔陆广晓发——修文县六广河、阳明古渡、飞龙峡〕

《陆广晓发》是王阳明创作的一首七言律诗，笔调愉快活泼，将六广河的山光水色描绘得令人如入其境。六广河码头，又名阳明码头，因王阳明曾游历六广河大峡谷，并留下赞咏诗篇而得名。码头广场正中树立一尊高8米的王阳明石像，峡谷游船都由此出发。第三峡飞龙峡有一尊高耸的石笋，命名为"阳明妙笔"，当地老百姓传说其乃当年王阳明写诗作文时所用之笔，用后留于此变成石笋。

〔水西论象——黔西县象祠〕

坐落在黔西县灵博山的象祠遗址是中国现今唯一的象祠，始建年代不详，明正德三年（1508），贵州宣慰使（水西土司）安贵荣应水西人民要求，修葺象祠，并请王阳明为之作记。王阳明写下的不朽名篇《象祠记》被收入《古文观止》，文中"天下无不可化之人"成为千古名言。象祠为省级重点文物保护单位。

〔龙冈开讲——修文县阳明洞、龙冈书院〕

阳明洞、龙冈书院位于修文县龙冈山，坐落于中国阳明文化园内。阳明洞在龙冈山半腰，原名"东洞"。王阳明从草庵移居其间后题名"阳明小洞天"于洞壁上，并著有《始得东洞遂改为阳明小洞天》诗三首。龙冈书院是王阳明亲手创建的第一个书院，《贵州通志》记载，"黔中之有书院始于龙冈，龙冈之有书院始于阳明"。王阳明曾作《教条示龙冈诸生》，提出"立志、勤学、改过、责善"的治学要求，系统地阐述了他的教育思想。2018年，修文县新建"龙冈书院"，重新激活、丰富了书院原有的讲学功能。阳明洞、龙冈书院旧址为国家级重点文物保护单位。

〔贵阳传道——贵阳市文明书院〕

王阳明悟道于修文，传道于贵阳。文明书院旧址在今贵阳市云岩区市府路，原贵阳市人民政府所在地。明正德三年（1508），时任贵州提学副使毛科邀王阳明前来讲学，王阳明作《答毛拙庵见招书院》以谢绝。后毛科继任席书再次邀请，王阳明方始到文明书院讲学。王阳明曾作有《书庭蕉》《春日花间偶集示门生》记叙文明书院事。学界普遍认为，王阳明在文明书院讲学期间，与席书论学，始论"知行合一"。文明书院讲学的经历对王阳明心学体系的形成和贵州教育的发展均具有重要意义。

【南庵答和——贵阳市翠微园（原南庵）】

南庵始建于明代，在贵阳市南明区翠微园内，与贵阳的标志性建筑甲秀楼毗邻。王阳明在贵阳讲学期间，曾数次游历南庵，并与友人答和写下《南庵次韵》两首，以及《徐都宪同游南庵次韵》诗，诗中虽然也有思念家乡、悲叹际遇的感怀，但总体而言描写的画面美丽动人、胜似江南，折射了诗人悟道后逐渐摆脱了刚被贬谪时的晦暗心绪。该地经历朝修缮改名，明弘治《贵州图经新志》、清康熙《贵州通志》等史书均有相关记载。自 1990 年起，贵阳市人民政府对其进行修复，后命名为翠微园。翠微园、甲秀楼均为国家级重点文物保护单位。

【南祠咏怀——贵阳市达德学校（原南霁云祠）】

南霁云系唐朝玄宗、肃宗时期名将，安史之乱期间，其抵抗安史叛军，屡建奇功。贵阳南霁云祠始建于元代，系为纪念南霁云及曾任贵州清江太守的南霁云之子南承嗣而建，旧址在今贵阳达德学校。王阳明曾作七言律诗《南霁云祠》，寄托对忠烈的怀念和敬仰。该祠明清两代曾多次重修和增修，改建为忠烈宫。后来，在此诞生了达德书院，它是贵州第一个研究自然科学的团体——算学馆所在地，是贵州第一批创建新式私立小学的地方，也是贵州第一个门类齐全的学校。革命先烈王若飞曾在此求学任教。达德学校为国家级重点文物保护单位。

【东山遗韵——贵阳市阳明祠、东山来仙洞（仙人洞）】

东山又称栖霞山，在贵阳市东门外，属云岩区。原有东山寺，已毁。东山摩崖、碑刻尚多保存。阳明祠位于东山扶风山麓，始建于清嘉庆十九年（1814），系为纪念王阳明而建的祠堂。祠内现存王阳明朝服线刻坐像，两侧有先生手书"壮思风飞冲情云上，和光春霭爽气秋高"木刻对联。殿堂外碑廊又有王阳明手书《矫亭记》和家书文稿及燕朋画像。此外，还有清代学者莫友芝、何绍基等人游览祠堂题咏的诗文碑刻及捐资修建人员名册石刻，皆为极其珍贵的历史文物。来仙洞位于东山腰狮嘴中，自古为诗人墨客游玩、吟诗作对的景观。王阳明曾多次游历于此，留有诗篇《来仙洞》《游来仙洞早发道中》。阳明祠为国家级重点文物保护单位。

【镇远留书——镇远县青龙洞、江西会馆、潕阳河】

镇远是黔东古镇，作为"滇楚锁钥，黔东门户"，系王阳明入黔第一站和离黔的最后一站。明正德五年（1510），王阳明离黔赴赣，他舍不下在贵州的弟子和结交的友人，一路行至镇远，下榻江西会馆，连夜给龙场旧友门生写下书信——《镇远旅邸书札》。《镇远旅邸书札》及其他王阳明诗文的梳理和补充，进一步确定了"黔中王门"是王门正宗学派之一。镇远青龙洞、江西会馆为国家级文物保护单位。